iPhone SE (2020 Edition) Für iOS 14

Das Lächerlich Einfache Handbuch zum iPhone SE

Scott La Counte

ANAHEIM, CALIFORNIA

www.RidiculouslySimpleBooks.com

Haftungsausschluss: *Bitte bemerken Sie, dass dieses Buch nicht von Apple, Inc. Unterstützt wird, obwohl die Richtigkeit dieser Publikation mit den größten Mühen sichergestellt wurde.*

Inhaltsverzeichnis

EINLEITUNG

Bei dem iPhone SE (Zweite Generation) handelt es sich um ein Handy, das Leistungsstärke und Qualität bietet, ohne dabei teuer zu sein.

In seinem dünnen Gehäuse befinden sich ein brillantes HD-Display, ein raketenschneller Verarbeitungschip und eine Kamera, die Fotos aufnimmt, die Ihre Freunde und Familie umhauen werden. Das ist alles großartig, aber wenn Sie das erste Mal ein iPhone benutzen (oder immer noch versuchen, sich an die Benutzung zu gewöhnen), kann es sich ein wenig entmutigend anfühlen herausfinden zu müssen, wie alles geht. Dieser Leitfaden für Anfänger wird Ihnen helfen.

Es deckt Themen wie beispielsweise das Fotografieren mit dem iPhone ab. Des Weiteren beschreibt es, wie Sie Facetime mit Ihren Enkelkindern verwenden können und führt Sie Schritt für Schritt durch alles, was Sie wissen müssen. Es wird Ihnen auch dabei helfen zu verstehen, was die Unterschiede zu anderen iPhones sind.

Es behandelt nur die Themen, für die sich die meisten Menschen interessieren-Sie müssen sich also nicht durch hunderte von Seiten mit technischen Ausdrücken kämpfen, um zu erfahren, wie man eine gängige Funktion richtig benutzt.

Die abgedeckten Themen beinhalten:

- Was gibt es Neues bei iOS 14
- Wie Sie Picture in Picture für Filme und Fernsehserien verwenden
- Wie Sie Widgets zu Ihrem Home Bildschirm hinzufügen können
- Wie Sie Apps mit der App Bibliothek organisieren
- Apps kaufen, entfernen, umbenennen und aktualisieren
- Fotos aufnehmen, teilen, bearbeiten und organisieren
- Apple Services (Apple Music, Apple TV+, Apple Card, iCloud, und Fitness+)
- Siri benutzen
- Vor installierte Apps wie Notes, Kalendar, Erinnerungen und mehr benutzen
- Anrufe tätigen und Nachrichten versenden

- Must-have Apps – Die muss man einfach haben
- AirPods
- Und vieles, vieles mehr!

Dieses Buch basiert auf dem Buch "iPhone SE (2020 Edition) für iOS 14", enthält jedoch einen erweiterten Abschnitt zur Barrierefreiheit (z. B. zur Vereinfachung bei der Anzeige von Textinhalten).

Sind Sie bereit, den Gebrauch Ihres neuen iPhones zu genießen? Dann lassen Sie uns anfangen!

[1]

[1]

WAS IST DER UNTERSCHIED ZWISCHEN ALL DEN HANDYS?

Dieses Kapitel beschreibt:
- Wie sich dieses Handy von anderen Handys unterscheidet
- Was die neuen Funktionen von iOS 14 sind

IPHONE SE? IPHONE PRO? IPHONE XR? WAS IST DER UNTERSCHIED!

Es sind mehrere iPhone-Modelle verfügbar. Wenn Sie sie nebeneinander betrachten, unterscheiden Sie sich so betrachtet nur darin (abgesehen von der Größe), dass das SE eine physische Home-Taste auf der Vorderseite hat und die anderen nicht. Aber ist das wirklich der einzige Unterschied? Nicht direkt. Lassen Sie uns die Unterschiede zusammenfassen, damit Sie genau wissen, was Sie sich kaufen. Dieses Buch wird hauptsächlich den Unterschied zwischen den beiden billigsten iPhones untersuchen: dem iPhone SE und dem iPhone XR.

Größe

Wenn Sie sich das Handy in irgendeinem Laden anschauen, werden Sie wahrscheinlich den Größenunterschied bemerken. Das iPhone SE verfügt über ein 4,7-Zoll-Display und das XR über ein 6,1-Zoll-Display (das größere Display ist teilweise darauf zurückzuführen, dass ohne physische Home-Taste mehr Platz vorhanden ist).

Es gibt am iPhone SE oben auch eine dickere Lünette („Bezel") (dort, wo sich die Frontkamera befindet). Das iPhone XR hat oben eine Kerbe oben, zeigt aber ein fast randloses Display.

In Bezug auf Pixel pro Zoll sind sie jedoch identisch (326 Pixel pro Zoll). und beide verwenden ein LCD-Display.

Geschwindigkeit

Wenn Sie glauben, dass Sie ein langsameres Telefon bekommen, nur weil Sie weniger Geld bezahlen, liegen Sie falsch! Das iPhone XR, also das teurere Telefon, verfügt über einen älteren Chip (A12 Bionic). Das iPhone SE verwendet denselben Chip (A13 Bionic) wie das teure iPhone 11 Pro der Spitzenklasse. Tatsächlich ist der A13 bis zu 20x schneller als der A12-Chip.

Touch ID vs. Face ID

Das iPhone SE verwendet Ihren Fingerabdruck, um Ihr Telefon zu entsperren. Die iPhone XR- und Pro-Modelle verwenden die Face ID (d. h. Gesichtserkennung), um das Telefon zu entsperren. Apple hat überzeugend behauptet, dass die Gesichtserkennung weitaus sicherer ist, aber auch die Sicherung mit Fingerabdrücken bietet Ihnen hohe Sicherheit.

Der große Nachteil dabei ist die Tatsache, dass das iPhone SE aufgrund der Abwesenheit von Face ID keine Animojis oder Memojis unterstützt.

Kamera

Die Kamera ist das A und O eines jeden Handys. Das iPhone XR ist in diesem Bereich besser ausgestattet, aber der Unterschied ist minimal. Beide haben hinten ein Objektiv mit 12-megapixel Weitwinkel, aber die Sensoren auf dem XR sind etwas neuer und etwas schärfer. Dieser

Unterschied ist aber wie gesagt minimal, und kann nur mit sehr geschultem Auge erkannt werden.

Batterielaufzeit

Das iPhone XR ist etwas größer, daher sollte es Sie nicht überraschen, dass Platz für einen größeren Akku vorhanden ist, der ohne Aufladen länger hält. Aber auch hier ist der Unterschied minimal. Der XR Akku enthält ungefähr 16 Stunden und der SE Akku ungefähr 13 Stunden Nicht-Streaming-Videowiedergabelaufzeit (die Videowiedergabe ist die intensivste und am meisten entladene Batteriebelastung, die Sie auf Ihrem Telefon ausführen können).

W-Lan und LTE

Das W-Lan scheint hier ein seltsames Thema zu sein – ist das W-Lan nicht auf allen Geräten gleich? In einem Wort: nein. Das iPhone SE unterstützt 802.11ax. Das iPhone XR unterstützt 802.11ac. Und was um alles in der Welt bedeutet das? Sagen wir einfach, das SE verfügt über den neuesten Wi-Fi-Standard und bietet Ihnen eine bessere Konnektivität - insbesondere in Situationen, in denen mehrere Geräte versuchen, sich im selben Netzwerk anzumelden. Die Sicherheit / Verschlüsselung ist mit diesem neuen Standard ebenfalls verbessert. Sie werden den Unterschied wahrscheinlich nicht bemerken, aber das SE ist hier besser ausgestattet.

Das gleiche gilt für LTE; das iPhone SE unterstützt die Gigabit Klasse von LTE, dabei handelt es sich um den neuen Standard, dieser könnte Ihnen theoretisch eine etwas schnellere LTE Benutzung ermöglichen – wobei aber viel von Ihrem Netzwerkanbieter abhängt.

Gewicht

Das SE ist 7.3mm dick und wiegt 0.3 Pfund; das XR ist 8.3mm dick und wiegt 0.4 Pfund.

Gemeinsamkeiten

- Das sind einige der Hauptunterschiede. Aber wo liegen die Gemeinsamkeiten? Unter anderem in den folgenden beiden Punkten:

- Beide ermöglichen Ihnen das kabellose Aufladen (mithilfe von zusätzlichem Zubehör – es gibt kein weiteres Ladegerät in der Box)
- 4K Videos können mit bis zu 60 FPS gefilmt werden
- Kein Kopfhöreranschluss
- Wasser resistent bis zu einer Tiefe von einem Meter, dies hält für rund 30 Minuten an (IP67-rated)

WAS GIBT ES NEUES MIT IOS 14

In Bezug auf das allgemeine Erscheinungsbild von iOS gibt es zwei große Änderungen: die Widgets auf Ihrem Startbildschirm und eine neue Ansichtsoption namens App Library. Beide werden später in diesem Buch ausführlicher behandelt.

Die wichtigsten neuen Funktionen, die Sie kennen sollten, sind unten aufgeführt:

- **Widgets** - Wenn Sie jemals zuvor Android verwendet haben, wissen Sie möglicherweise bereits ein Bisschen etwas über Widgets. Diese waren bisher bis zu einem gewissen Grad auf dem iPhone verfügbar, aber iOS 14 gibt Ihnen das erste Mal die Möglichkeit sie direkt auf Ihrem Startbildschirm zu platzieren. Aber was sind Widgets? Stellen Sie sich diese wie Miniversionen Ihrer App vor, die Ihnen Informationen anzeigen, ohne dass Sie die App öffnen müssen - um beispielsweise das Wetter oder die bevorstehenden Kalenderereignisse anzusehen.
- **App Bibliothek** - Die App Bibliothek bietet Ihnen eine neue Bildschirmansicht, die Sie produktiver und organisierter arbeiten lassen soll. Diese vereint alle Ihre Apps an einem Ort und erleichtert Ihnen das Finden der Apps, die Sie am meisten benutzen. Sie müssen also nicht mehr alle auf Ihrem Home Bildschirm haben; Sie können Sie in der App Bibliothek verstecken, aber sie trotzdem auf Ihrem Handy behalten.
- **Übersetzer** – Der Übersetzer ist eine neue Apple App, die Ihnen das Übersetzen der Konversation in Echtzeit ermöglicht; diese ist hervorragend für das Reisen in andere Länder geeignet. Sagen Sie einfach auf Englisch, was Sie wissen

möchten und wählen Sie die gewünschte Sprache aus – oder bitten Sie die andere Person, in Ihr Telefon zu sprechen, damit das Handy automatisch die Sprache, die Sie sprechen, erkennen kann.

- **Maps** - Maps bekommt in iOS 14 ein kleines Update; zusätzlich zu den verschiedenen Arten von Navigationshilfen, die Sie benutzen können (wie Laufen, Fahren oder öffentliche Verkehrsmittel benutzen) können Sie sich nun auch beim Radfahren den Weg beschreiben lassen. Des Weiteren kann die App Ihnen die richtige Route für elektrische Fahrzeuge anzeigen, mitsamt der benötigten Ladestationen.

- **Picture in Picture** (Bild in Bild) – Dieser Modus ist seit einiger Zeit auf den neuen iPads verfügbar, kann aber erst seit kurzem auf iOS benutzt werden; Er erlaubt Ihnen das Abspielen von Videos im Hintergrund, während Sie anderen Aktivitäten nachgehen – wie etwas im Internet surfen oder Spiele spielen.

- **Nachrichten umgestalten** - Die Nachrichten App hat mehrere neue Funktionen; die besten sind; das Anstecken von Konversationen, so dass Sie die Kontakte, die Sie am meisten benötigen immer oben finden; die jemandem direkt in einer Gruppennachricht antworten Funktion, die es Ihnen erlaubt, direkt auf eine spezifische Nachricht innerhalb einer laufenden Konversation zu antworten.

- **Neue Memoji Styles** – Memojis funktionieren so wie immer, aber es gibt mehr Optionen, Ihren Avatar anzukleiden.

- **Passwortüberwachung** – Die Passwortüberwachung alarmiert Sie, wenn es eine Sicherheitslücke an dem Ort, an dem Sie Ihre Passwörter aufbewahren entdeckt, damit Sie sofort die Möglichkeit haben, dieses zu ändern und einen Identitätsdiebstahl zu vermeiden.

- **App Clips** - App Clips sind wie kleine Apps; diese erlaubt Ihnen die Benutzung der besten Funktionen der App, ohne diese Herunterladen zu müssen.

- **Kompakte Anrufe** - Eine der besten Funktionen in iOS 14 ist nicht direkt das, was es kann, sondern wie es das genau schafft; Sie werden feststellen, dass Dinge wie Siri und eingehende Telefonanrufe jetzt viel kompakter sind. Sie können also weiterhin das tun, was Sie tun, und müssen nicht die App verlassen, um den Anruf abzulehnen.

Ich werde über jede der Funktionen später im Buch noch mehr erzählen, also machen Sie sich keine Sorgen, falls Sie sie noch nicht ganz verstehen.

SE vs. iPhones ohne Home Basis

Weil einige iPhones Home Buttons haben und andere nicht, finden Sie unten eine hilfreiche Tabelle, die beschreibt, wie Sie Gesten auf beiden Geräten richtig benutzen.

iPhone SE und darunter	iPhone X und darüber
Gehen Sie auf den Home Bildschirm – drücken Sie auf den Home Button.	Gehen Sie auf den Home Bildschirm – Wischen Sie über den unteren Teil Ihres Bildschirms.
Multitask - Drücken Sie zweimal auf den Home Button.	Multitask - Wischen Sie vom unteren Teil des Bildschirm nach oben, aber heben Sie den Finger nicht hoch, bis er die Mitte des Bildschirms erreicht hat.
Kontrollzentrum - Wischen Sie vom unteren Teil des Bildschirms nach oben.	Kontrollzentrum - Wischen Sie von der unteren rechten Ecke Ihres Bildschirms aus nach unten.
Benachrichtigungen - Wischen Sie vom oberen Teil des Bildschirms nach unten.	Benachrichtigungen - Wischen Sie vom mittleren oberen Teil des Bildschirms nach unten.
Suchen – Wischen Sie vom Home Bildschirm aus nach unten in die Mitte Ihres Bildschirms.	Suchen – Wischen Sie vom Home Bildschirm aus nach unten in die Mitte Ihres Bildschirms.
Auf Widgets zugreifen - Wischen Sie vom Home – oder Sperrbildschirm aus nach rechts.	Auf Widgets zugreifen - Wischen Sie vom Home – oder Sperrbildschirm aus nach rechts.

Nach oben gelangen – Tippen Sie doppelt auf den Home Button (nicht gedrückt halten)	Nach oben gelangen – Wischen Sie auf der unteren Kante des Bildschirms nach unten.

[2]

HALLO, WELT

WIE SIE ALLES EINSTELLEN

Jetzt, da Sie die wichtigsten physischen Unterschiede Ihres Handys kennen, lassen Sie uns einen Schritt zurück machen und über die Einstellungen sprechen. Sollten Sie sich bereits auf dem Home Bildschirm befinden, können Sie diesen Abschnitt selbstverständlich überspringen.

Das Unboxing Ihres iPhones sollte Sie nicht mit vielen Überraschungen konfrontieren. Es gibt zwar keine Gebrauchsanleitung, aber das ist bei Apple immer so. Sie können die Anleitung auf Apples Webseite (https://support.apple.com/manuals/iphone) finden, wenn Sie sie gerne sehen möchten. Etwas, das sich zum Hervorheben anbietet, sind die Kopfhörer. Vor einigen Jahren entschied sich Apple für uns dazu, dass wir keinen normalen Kopfhöreranschluss mehr benötigen. Ganz toll, oder nicht? Aber um nett zu sein, wurde ein Adapter, der Ihnen das Einstecken Ihrer Kopfhörer erlaubte, immer mitgeliefert. Die neuen Modelle haben diesen nicht mehr. Aber Sie können ihn, falls Sie ihn gerne benutzen würden, für unter 10 Dollar erwerben.

Wenn das Handy erst mithilfe des Seitenknopfes angestellt ist, lädt es als nächstes den Set-up Bildschirm. Set-up ist für einige Menschen etwas einschüchternd, aber Apples Set-up ist wahrscheinlich eines der einfachsten, die man machen kann—sogar meine Mutter, die alle elektronischen Geräte leidenschaftlich hasst, hatte kein Problem damit, es selbstständig zu schaffen.

Es geht recht einfach. Ich nehme an, ich könnte einfach alles, was sich auf Ihrem Bildschirm finden wird aufschreiben, aber das kommt mir etwas überflüssig vor, da Sie es ja selbst auf dem Bildschirm sehen werden. Kurzgesagt werden Sie nach Ihrer bevorzugten Sprache und Ihrem bevorzugten Land gefragt, und nach Ihrem W-Lan Netzwerk (sehen Sie zu, dass Sie sich in diesem Schritt mit dem drahtlosen Netzwerk verbinden, oder es wird anfangen, viele Apps über Ihr LTE herunterzuladen und alle Ihre mobilen Daten zu fressen). Sie werden ihr Gerät mit Ihrem Netzwerk Anbieter aktivieren müssen.

Also das sind die Basics. Es gibt hier auch einige weitere Optionen, aber die sind vielleicht etwas schwerer zu verstehen. Die erste ist die Frage, ob Sie die Ortsservices angestellt lassen wollen. Ich empfehle, dass Sie ja sagen. So kann die Karte automatisch feststellen, wo Sie sind. Oder wenn Sie in irgendeiner langweiligen Stadt ein Foto aufnehmen und sich Jahre später Fragen "Wo um Himmelswillen ist dieses Foto her" werden Sie genau wissen, wo Sie es aufgenommen haben, solange Sie Ihre Ortsservices angestellt hatten. Denken Sie daran: alles was Sie in diesem Schritt ausstellen, (oder alles, was Sie anstellen) kann später noch verändert werden. Wenn Sie sich also umentscheiden ist das ok.

Sie sollten wissen: Jedes Mal, wenn Sie die Ortsservices in einer App benutzen, werden Sie ein kleines Pfeilsymbol in der oberen rechten Ecke Ihres Bildschirms sehen.

ICH FÜHLE MICH GELADEN!

Bevor ich mich mehr in die Benutzung Ihres Handys hineinsteigere, möchte ich schnell über das Aufladen sprechen. Sie wissen wahrscheinlich bereits, wie Sie Ihr Ladegerät in Ihr Telefon einstöpseln können. Wenn Sie sich nicht beibringen können, wie man ein out-y in ein in-y steckt, rufen Sie Ihre Nichte, die nie zurückruft, an, und fragen Sie sie. Sie wird sich freuen von Ihnen zu hören, da bin ich mir sicher.

Was vielleicht weniger offensichtlich ist, ist dass man das iPhone nicht einstöpseln muss, um es aufzuladen. Die neuen iPhones können kabellos geladen werden. Um dies zu tun, benötigen Sie einen "Qi Charger". Diese sind nicht furchtbar teuer (Meist unter 20 Euro). Qi Ladegeräte sind mit anderen Handys kompatibel und finden sich daher oft in Hotels und Cafés. Um es zu benutzen, setzen Sie einfach Ihr Telefon auf die Lademateriell und stellen Sie sicher, dass das Ladelicht angestellt ist (⚡). Das geht ganz einfach.

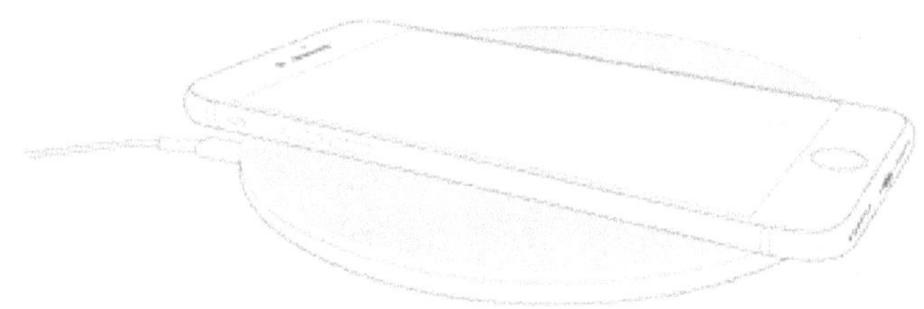

Im Jahr 2020, stellte Apple MagSafe und deren kabelloses Ladegerät vor. Die schlechte Nachricht ist, dass dies extra Geld kostet. Apple inkludiert das kabellose Gerät *nicht* in der Originalverpackung. Ein MagSafe kabelloses Gerät kostet $39 (rund 33 Euro). Aber es gibt noch mehr! Sie brauchen außerdem einen Adapter: einen 20W USB-C Power Adapter, um genau zu sein. Das sind weitere $19 (rund 16 Euro). Der Grund, warum Sie den Spezialadapter benötigen, ist, dass Sie so am schnellsten laden können. Benutzen Sie weniger, und das Handy lädt sich langsamer auf.

Und da wir gerade von MagSafe sprechen, wenn Sie es zu Ihrem Vorteil benutzen wollen brauchen Sie eine MagSafe Hülle. Diese Hüllen haben einen Spezialmagnet auf der Innenseite. Diese magischen Ringe befestigen das Ladegerät an Ihrem iPhone und stellt so sicher, dass alles am richtigen Ort für das kabellose Laden ist.

Das MagSafe Ladegerät kann außerdem ältere iPhones aufladen, oder sogar Android Geräte. Sie können auch AirPods damit aufladen, aber nicht Ihre Apple Watch. Es gibt allerdings auch Accessoires, mit denen Sie Ihr iPhone und Ihre AppleWatch zur gleichen Zeit aufladen können.

GENUG VOM SET-UP! WIE BENUTZT MAN DAS DING DENN NUN?!

Das iPhone ist ein Gerät mit Touchscreen, also müssen Sie sich bei der Benutzung nur um eines Sorgen machen: Sie müssen es anfassen!

Das ist das Wichtigste. Aber sie können es auf unterschiedliche Weise anfassen. Zum Glück hat sich hier anders als bei den Gesten nicht viel verändert; solange Sie also wissen, wie Sie die Gesten richtig benutzen wird alles gut. Unten finden Sie eine schnelle Zusammenfassung:

Tippen

Dies ist das "klick" Equivalent der iPhone Welt. Ein Tippen ist lediglich ein schnelles Berühren. Es muss nicht doll sein oder besonders lange dauern. Sie werden Symbole, Hyperlinks, Form auswählen, und mehr antippen. Sie werden außerdem Nummern auf der Tastatur eingeben, um Anrufe zu tätigen. Ist doch gar nicht so kompliziert, oder?

Tippen und Halten

Dies bedeutet einfach, dass Sie den Bildschirm berühren und mit Ihrem Finger den Kontakt zum Glass halten. Es ist nützlich, um das Kontextmenü aufzurufen, kann aber auch andere Optionen in unterschiedlichen Apps aufrufen.

Doppelt Tippen

Dies bezieht sich auf zweimal schnell Tippen, wie beim Doppelklick, nur dass Sie Ihren Finger benutzen. Das doppelt Tippen ruft in verschiedenen Apps unterschiedliche Funktionen auf. Es kann außerdem auf Bildern und Webseiten heranzoomen.

Versteckte Geste!

Das Mikrophon auf Ihrem Handy ist so ähnlich wie eine Geste. Sie können Ihr Handy so einstellen, dass es Tippen erkennt. Wenn Sie also zweimal hinten auf Ihr Handy tippen (oder auch dreimal) löst dies etwas aus—es ruft beispielsweise Ihre Benachrichtigungen auf. Das klingt fast etwas problematisch—als könnte es möglicherweise Tippen als etwas anderes missverstehen, aber es funktioniert tatsächlich überraschend gut.

Um hinten Tippen hinzuzufügen, klicken Sie auf Einstellungen und wählen Sie Benutzbarkeit > Touch > Hinten Tippen aus. Wählen Sie dann Ihre Präferenz aus den angezeigten Optionen.

Wischen

Wischen bedeutet, dass Sie Ihren Finger auf den Bildschirm legen und Ihn an einen exakten Punkt ziehen und ihn dann von der Oberfläche hochheben. Sie können diese Bewegung benutzen, um die Menülevels in Ihren Apps zu navigieren, durch die Seiten in Safari zu blättern, und mehr. So wird es über Nacht zu einer ganz natürlichen Bewegung, das verspreche ich.

Ziehen

Von der Mechanik her ist es das Gleiche wie Wischen, aber mit einem anderen Ziel. Sie werden ein Objekt auswählen, es dann dahin ziehen, wo Sie es brauchen, und es dann fallen lassen. Es ist genau wie beim Ziehen und fallen lassen mit der Maus, aber dabei wird der Zwischenhändler ausgelassen.

Kneifen

Nehmen Sie zwei Finger und bringen Sie sie wieder auf den iPhone Bildschirm, bewegen Sie sie entweder zueinander oder auseinander, mit einer Kneifbewegung oder der gleichen Bewegung in die gegenteilige Richtung. Das Finger-Zueinander-Bewegen führt bei vielen Apps zum heranzoomen, einschließlich Internetsuchmaschinen und Bildansicht; das auseinander Bewegen hilft beim rauszoomen.

Rotieren und Kippen

Viele Apps beim iPhone machen von der Eigenrotation und dem Kippen des Geräts selbst Gebrauch. In der bezahlten Star Walk App kann man zum Beispiel den Bildschirm so bewegen, dass er auf den Abschnitt des Himmels, der von Interesse ist, zeigt—Star Walk enthüllt die Konstellationen abhängig von der Richtung, in die das iPhone ausgerichtet ist.

WIE KÖNNEN SIE AN ALLE NIEDLICHE EMOJIS SCHICKEN?

Der Grund, aus dem Sie sich ein iPhone geholt haben, ist natürlich der, dass Sie passend zu Ihren Textnachrichten niedliche Emojis schicken wollen, nicht wahr? Also, wie genau geht das? Das hängt alles von der Tastatur ab, also spreche ich das am nächsten an!

Wann immer Sie eine Nachricht eingeben wollen, öffnet sich die Tastatur automatisch. Es gibt keine zusätzlichen Schritte abzuschließen. Aber es gibt einige Dinge, die man mit der Tastatur machen können, um Ihre Nutzererfahrung zu personalisieren.

Sie werden die folgenden Dinge möglicherweise an der Tastatur bemerken—die Löschtaste ist mit einem "x" gekennzeichnet (direkt neben dem Buchstaben M), und die Shift-Taste ist die Taste mit dem Pfeil, der nach oben zeigt (neben dem Buchstaben Z).

Der erste Buchstabe wird automatisch großgeschrieben. Sie können mit einem Blick erkennen, wie die Buchstaben eingestellt sind.

Um die Shift-Taste zu benutzen, tippen Sie sie einfach an und wählen Sie dann den Buchstaben an, den Sie großschreiben möchten oder ändern Sie die Punktsetzung, die Sie benutzen wollen. Alternativ können Sie die Touch Taste benutzen und Ihren Finger zu den Buchstaben ziehen, die Sie großschreiben wollen. Tippen Sie zweimal auf die Shift-Taste, um in den Caps Lock Modus (in welchem immer alles großgeschrieben wird) zu wechseln, und einmal, um ihn wieder zu verlassen.

Bensondere Buchstaben

Um besondere Buchstaben einzugeben, drücken und halten Sie lediglich den assoziierten Buchstaben, bis sich die Optionen öffnen. Ziehen Sie den Finger zu dem Buchstaben, den Sie benutzen wollen und fahren Sie fort. Wofür genau würden Sie dies gebrauchen? Stellen Sie sich zum Beispiel vor, dass Sie etwas auf Spanisch schreiben und den Akzent auf dem "e" benötigen; tippen und halten Sie auf das „e", um diese Option aufzurufen.

Den Diktiermodus benutzen

Seien wir mal ehrlich, das Tippen auf der Tastatur kann manchmal ganz schön anstrengend werden! Wäre es nicht einfacher, wenn man stattdessen das, was man schreiben möchte, einfach sagen könnte? Falls das nach Ihnen klingt, kann der Diktiermodus hilfreich sein! Tippen

Sie einfach auf das Mikrofon neben der Leertaste und fangen Sie an zu sprechen. Das funktioniert recht gut.

Nummern und Symbol Tastaturen

Selbstverständlich ist mehr am Leben dran als nur Buchstaben und Ausrufezeichen. Falls Sie Nummern benutzen müssen, tippen Sie auf die 123 Taste in der unteren linken Ecke. So rufen Sie die verschiedenen Tastaturen mit den Nummern und Satzzeichen auf.

Von dieser Tastatur aus kommen Sie zum Alphabet zurück, sobald Sie auf die ABC Taste in der unteren linken Ecke tippen. Sie können außerdem eine weitere Zusatztastatur benutzen, welche die verbleibenden Standardsymbole enthält und durch den Druck auf die #+- Taste, kurz über der ABC Taste aufzurufen ist.

Emoji Tastatur

Und nun endlich der Moment, auf den Sie gewartet haben! Emojis!

Die Emoji Tastatur kann mithilfe der Smiley-Taste zwischen der 123-Taste und der Diktiertaste geöffnet werden. Emojis sind winzige Cartoon Bilder, die benutzt werden können, um Ihre Textnachrichten etwas belebter wirken zu lassen oder andere Texte lebhafter zu machen. Dabei geht dies weit über die Semikolon basierten Emoticons von gestern hinaus—auf Ihrem iPhone sind so viele Emojis, dass Sie damit ein gesamtes visuelles Vokabular erstellen können.

Um die Emoji Tastatur richtig zu benutzen sollten Sie beachten, dass es im unteren Teil Kategorien zu sehen gibt (Die nahegelegene Taste mit dem Globus bringt Sie wieder zur Welt der Sprache zurück). Innerhalb dieser Kategorien gibt es diverse Bildschirme mit Piktogrammen, aus denen Sie sich Emojis aussuchen können. Diejenigen, die Menschen darstellen, gibt es in verschiedenen Farbvariationen. Drücken Sie einfach auf diese, und halten Sie den Kontakt, um die anderen Optionen einzusehen.

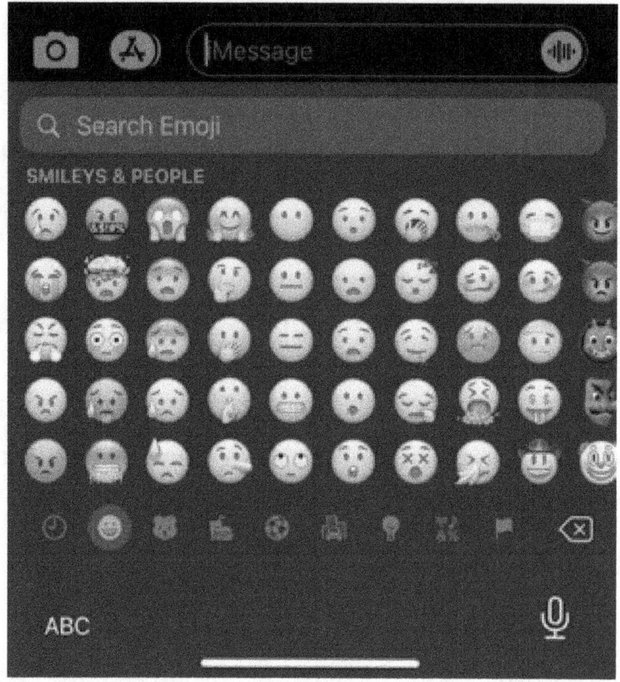

Emoji Suche

Wenn Sie Emojis lieben, hassen Sie es wahrscheinlich, lange nach Ihnen suchen zu müssen. Die Tage, an denen man nur ein oder zwei Emojis brauchte, sind vorbei—die Emoji Tastaturen haben nun Dutzende und Dutzenden und Dutzende von Gesichtsausdrücken, aus denen Sie wählen können! So viele Optionen zu haben ist richtig toll! Aber nicht, wenn man versucht etwas gezielt zu finden! Sie können die Emoji Tastatur durchsuchen, in dem Sie einen Ausdruck in die Suchleiste Tippen.

Ich suche beispielsweise manchmal nach „Glücklich". Das zeigt mir dann Optionen an, die diese Emotion am besten zum Ausdruck bringen.

Sie können zu der normalen Tastatur zurückkehren, in dem Sie auf die Ansammlung von Emojis neben der Leertaste tippen.

Mehrsprachiges Tippen

Die meisten Leute sind so wahrscheinlich mit allem zufrieden. Sie wissen alles, was sie brauchen über das Tippen auf dem iPhone und sie sind bereit, ihre Freunde mit Emojis zu bombardieren. Aber es gibt einige Funktionen, die nur für manche Menschen relevant sind.

Eine dieser Funktionen ist das mehrsprachige Tippen. Es ist für Menschen gedacht, die zur gleichen Zeit in mehreren Sprachen schreiben. Also wenn Sie etwa Spanisch und Englisch abwechselnd eingeben, werden Sie nicht ständig benachrichtigt, dass Sie Rechtschreibfehler in einer der beiden Sprachen verursachen. Wenn sich das für Sie relevant anhört, müssen Sie lediglich das Wörterbuch anstellen, dies geht ganz leicht. Gehen Sie auf Einstellungen > Allgemeines > Wörterbuch.

Das Konfigurieren einer internationalen Tastatur

Sollten Sie den Eindruck haben, dass Sie vergleichsweise oft in einer anderen Sprache tippen, würde ich Ihnen empfehlen, die internationalen Tastatureinstellungen zu benutzen. Dazu müssen Sie auf Einstellungen> Allgemeines > Tastatur > Tastaturen gehen. Sie können hier die entsprechende internationale Tastatur auswählen, in dem Sie auf "Tastatur hinzufügen" gehen. Zum Beispiel hat iPhone sehr gute Funktionen für chinesische Texteinträge – Sie können aus Pinyin, Stroke, Zhuyin, und Handschrift wählen, letztere erlaubt Ihnen, den Buchstaben selbst zu schreiben.

Wenn Sie eine weitere Tastatur mit einstellen wollen, wird der Smiley zu einem Globus. Um dann die internationale Tastatur zu benutzen, müssen Sie nur die Globustaste antippen und Ihre Tastaturauswahl durchsehen.

Ihr iPhone ist mit diversen Funktionen ausgestattet, um etwaige Probleme zu vermeiden, wie beispielsweise Apples hervorragende Autokorrektur, welche. die häufigsten Tippfehler vermeidet. In iOS 8 stellt

Apple eine vorhersagende Funktion vor, die vorschlägt, was Sie am wahrscheinlichsten Tippen wollen, und diese funktioniert noch akkurater im neuen iOS System.

Direkt über der Tastatur erscheinen drei Auswahlmöglichkeiten—der Eintrag wie eingegeben, plus die zwei wahrscheinlichsten Alternativen. Der vorhersagende Text ist außerdem auch Kontext bezogen. Es erlernt Ihre Sprachmuster, wie Sie zum Beispiel Ihrem Boss im Vergleich zu Ihrem besten Freund schreiben, und schlägt Dinge vor, die für den Empfänger angemessen sind. Natürlich können Sie, falls Sie das stört auf Einstellungen > Allgemeines > Tastaturen gehen und den vorhersagenden Text abstellen, in dem Sie den grünen Regler nach links schieben.

Tastaturen von Drittanbietern

Zuguterletzt können Sie eine Tastatur einer Drittpartei auf Ihr Handy laden. Also, sollten Sie die iPhone Tastatur hassen und sich etwas ähnliches wie Android wünschen, können Sie sich dies aus dem App Store herunterladen (mehr dazu später).

[3]

NUR DIE BASICS…LASSEN SIE ES UNS EINFACH HALTEN!

Dieses Kapitel beschreibt:
- Home Bildschirm
- Anrufe tätigen
- Apps entfernen und hinzufügen
- Apps organisieren
- Widgets hinzufügen
- Nachrichten schicken
- Nachrichten anheften
- iMessage Apps
- Benachrichtigungen
- AirDrop

WILLKOMMEN ZUHAUSE

Es gibt eine Sache, die sich seit der Entwicklung des ersten iPhones nicht wirklich verändert hat: den Home Bildschirm. Das Design hat sich etwas entwickelt, aber das Layout ist gleichgeblieben. Alles, was Sie über den Hauptbildschirm wissen müssen, ist, dass es der Hauptbildschirm ist. Wenn Sie also zum Home Bildschirm gehen lesen, wissen Sie, worauf ich mich beziehe. Macht das Sinn?

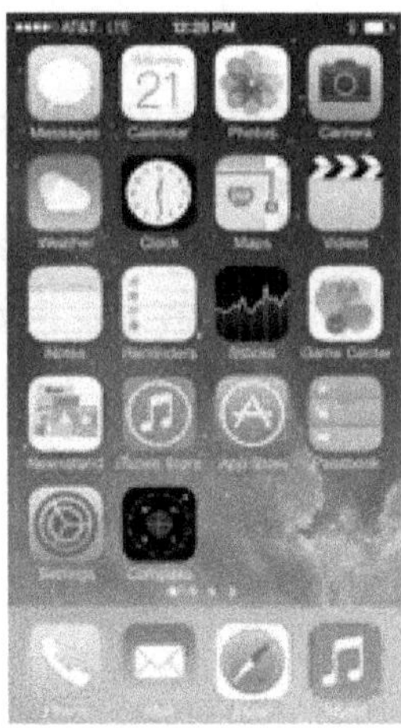

Kontrollzentrum

Selbst wenn Sie den Begriff zum ersten Mal hören haben Sie das Kontrollzentrum bereits benutzt; Sie finden hier Abkürzungen zu den meistgenutzten Funktionen des Handys, wie etwa Lautstärke und Kamera.

Das Kontrollzentrum kann mehr, als es einst der Fall war. iOS 13 stellte zwei neue Funktionen des Kontrollzentrums vor: den Nachtmodus und das einem W-Lan Netzwerk beitreten (unten angesprochen). Allerdings gibt es auch ältere Funktionen, von denen Sie möglicherweise nichts wissen.

Wischen Sie in die obere rechte Ecke, um das Kontrollzentrum herunterzuzuziehen.

Das Kontrollzentrum benutzen

Lassen Sie uns einen Blick auf die verschiedenen Abschnitte des Kontrollzentrums werfen. Die erste Gruppe kontrolliert die kabellosen Aktivitäten auf Ihrem Telefon. Wenn Sie in der oberen linken Ecke beginnen, sehen Sie das Flugzeugsymbol, es steht für den Flugmodus, der schnell die mobilen Daten ausstellt, Wi-Fi, und Bluetooth; daneben sehen Sie die zellulären Daten; und unter dem Flugzeug ist das Wi-Fi Symbol; und schließlich das Bluetooth Symbol.

Wenn Sie lange auf einen dieser Button drücken, werden Ihnen weitere Optionen angezeigt.

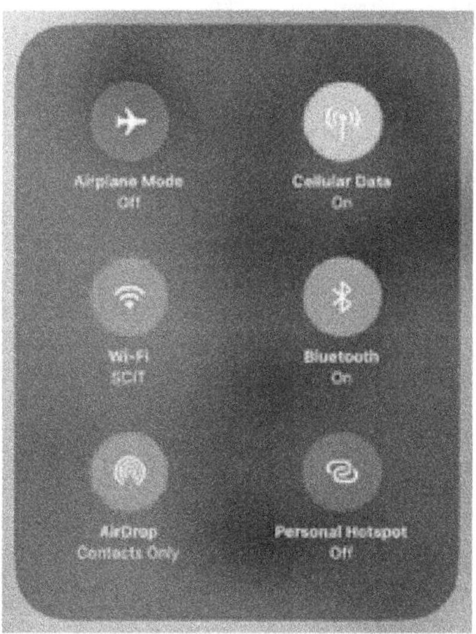

Wenn Sie lange auf den Wi-Fi Button auf dem oben angezeigten Bildschirm drücken, werden Ihnen die verfügbaren W-Lan Netzwerke angezeigt und Sie können sich bei einem anmelden—Sie müssen dies nicht mehr über die Einstellungen durchführen.

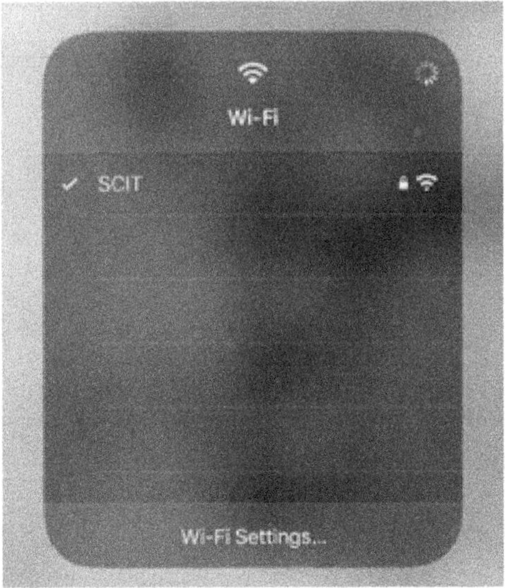

Unter den kabellosen Einstellungen befindet sich das Bildschirmrotationsschloss (drücken Sie darauf und Ihr Bildschirm wird sich nicht mitdrehen, wenn Sie Ihr Telefon auf die Seite drehen), der Nicht-Stören-Modus, und der Bildschirmspiegel (falls Sie Apple TV haben, können Sie diesen Knopf benutzen, um Ihren Handybildschirm auf dem Fernseher anzuzeigen).

Auf der rechten Seite können Sie die Musik kontrollieren (Drücken Sie in die obere rechte Ecke und Sie können auswählen, wo Sie Musik hören wollen, wenn Sie ein AirPlay Gerät wie etwa AirPods oder einen HomePod besitzen). Darunter befinden sich Helligkeit und Volumen.

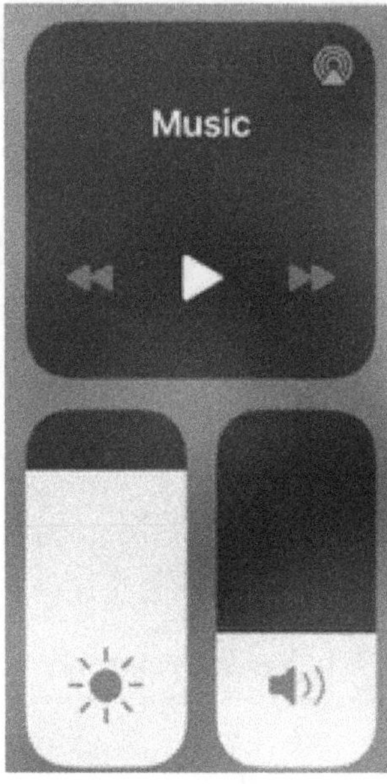

Drücken Sie lange auf den Helligkeitsknopf, um den Nachtmodus anzustellen. Der Nachtmodus stellt weiße Bereiche auf Ihrem Telefon auf schwarz—wenn Sie zum Beispiel ein Buch in iBooks lesen wollen, sind dann die Seiten dunkel. Sie können auch den Nacht Shift Knopf benutzen, dieser reduziert die Menge blaues Licht, die von Ihrem Telefon ausgeht—wenn Sie dieser Art Licht bei Nacht ausgesetzt sind, hat das einen negativen Effekt auf Ihre Schlafgewohnheiten.

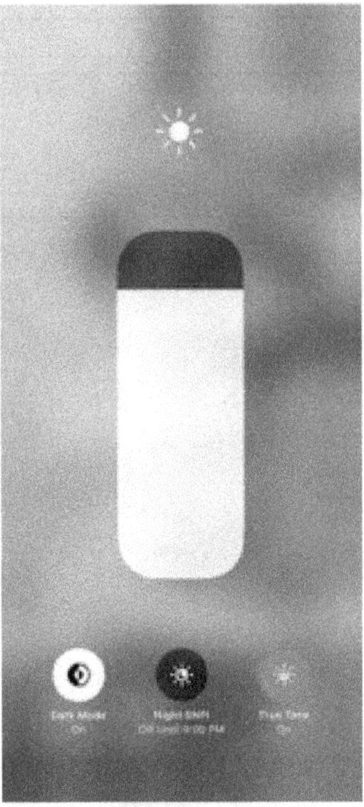

Im unteren Teil des Kontrollzentrums ist die Taschenlampe, der Taschenrechner, die Bildschirmaufnahme Funktion (ich werde den Grund, warum Sie diesen möglicherweise nicht haben, unten ansprechen) und die Apple TV Fernbedienung (auch den werden Sie möglicherweise nicht haben).

Wenn Sie länger auf diese Bereiche drücken, bringt Sie dies zu den Optionen der App. Wenn Sie lange auf den Kameraknopf drücken, bringt Sie das zum Beispiel zu den Abkürzungen für die verschieden Fotoarten, die Sie aufnehmen können.

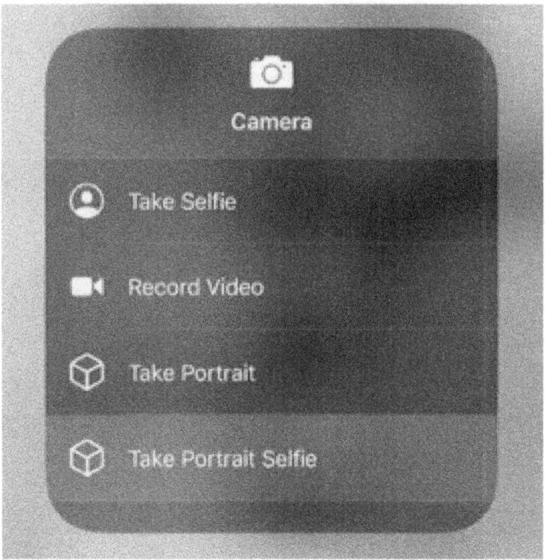

Personalisieren Sie das Kontrollzentrum

Sie können vom Kontrollzentrum aus Optionen hinzufügen und entfernen, unter Einstellungen > Kontrollzentrum lassen sich die Kontrollen personalisieren.

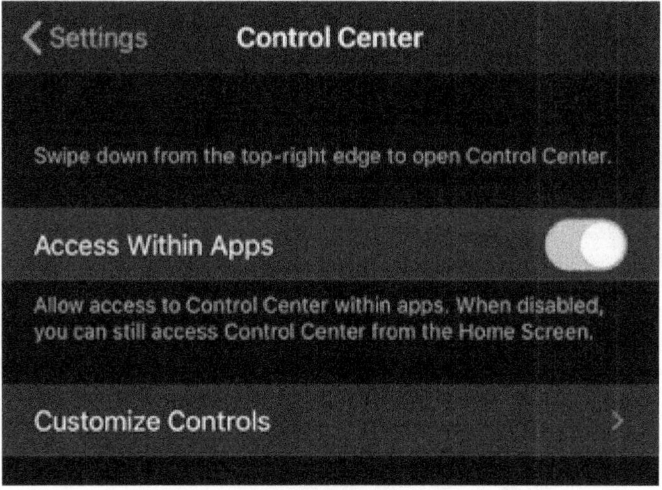

Der obere Teil beinhaltet die Kontrollen (also diejenigen, die sie entfernen). Klicken Sie auf das rote Minuszeichen, um eine zu entfernen.

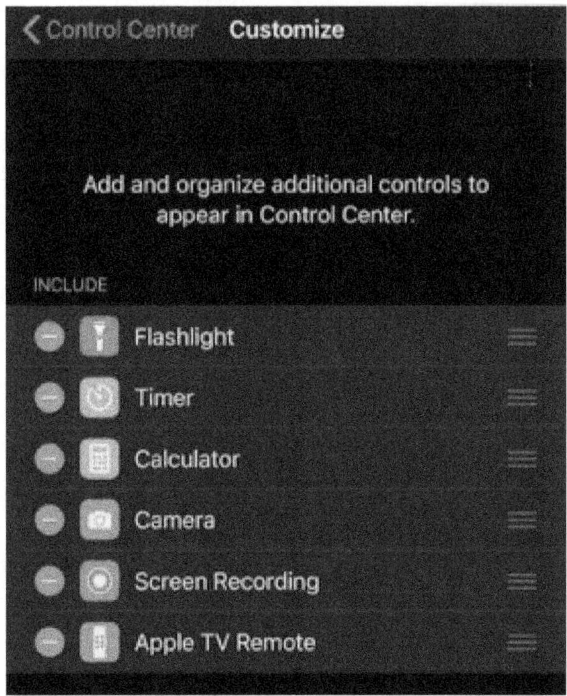

Denken Sie daran, dass ich gesagt habe, dass ich einige Optionen habe, die Sie vielleicht nicht haben? Hier können Sie solche hinzufügen. Darunter sind die, die Sie im Kontrollzentrum hinzufügen können, tippen Sie dafür auf das Pluszeichen.

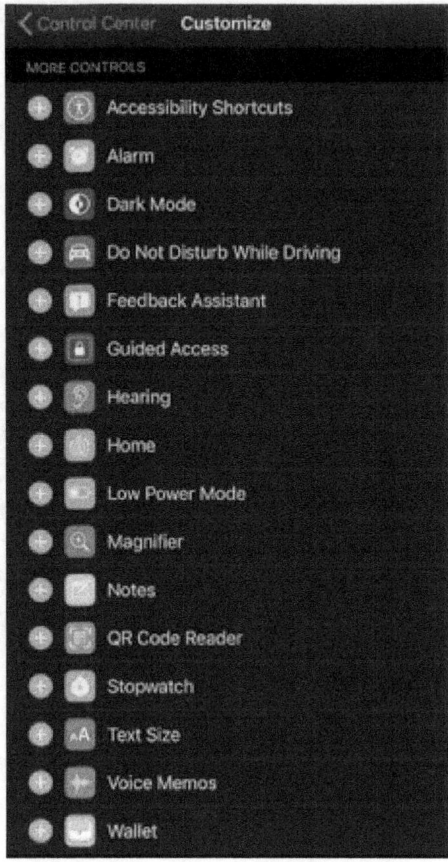

ANRUFE TÄTIGEN

Wissen Sie, was mich immer fasziniert, wenn ich Werbung für das iPhone sehe? Es ist ein Handy, aber die Leute scheinen nie darüber zu reden, wie man es zum Telefonieren benutzt! Man kann damit doch tatsächlich Anrufe tätigen!

Wenn Sie jemanden anrufen wollen, klicken Sie auf das grüne Telefonsymbol in der unteren Ecke ihrer iPhone Tastatur. Geben Sie Ihre Nummer ein, und klicken Sie auf den grünen Anrufknopf. Um aufzulegen, tippen Sie auf den roten Beenden Knopf im unteren Teil des Bildschirms. Sollten Sie während des Anrufs die Tastatur benutzen wollen, tippen Sie einfach auf den Tastaturkreis, um diese aufzurufen. Ähnlicherweise können Sie den Anruf so auch stumm stellen oder den Lautsprecher anstellen.

Das Annehmen eines Anrufs ist vergleichsweise intuitiv. Wenn Ihr Telefon klingelt, wird es Ihnen anzeigen, wer Sie anruft. Alles, was Sie tun müssen ist den Anruf durch Wischen annehmen. Es gibt außerdem einige zusätzliche Optionen, Sie können ihr Telefon durch das Tippen auf „Erinnere Mich" bitten, Sie später an den Anruf zu erinnern, oder Sie können mit einer SMS antworten. iOS inkludiert einige praktische Antworten, wie etwa, „ich kann gerade nicht...", „Ich werde Sie später zurückrufen", „Ich bin auf dem Weg" und „Was ist los?" Sie können außerdem personalisierte Nachrichten senden, sollte dies notwendig sein. Falls Sie einen Anruf verpassen, wird Ihnen dies beim Wiederanschalten des Telefons angezeigt. Sie können automatisch verpasste Anrufe beantworten, direkt vom Sperrbildschirm aus.

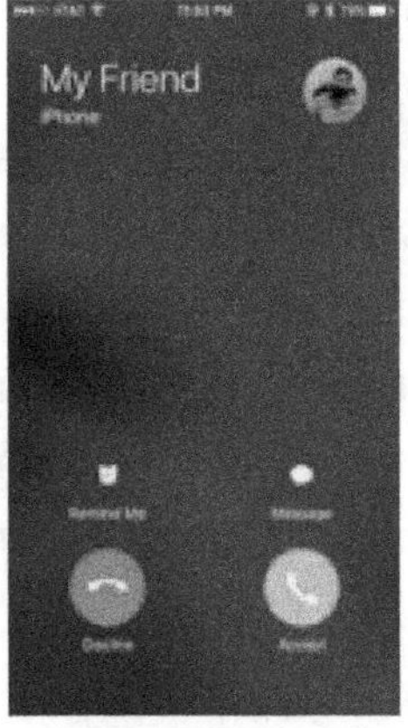

Wenn Sie einen Anruf von einer unbekannten Nummer bekommen, prüft das iPhone andere Apps wie zum Beispiel Mail, wenn Nummern nicht gefunden werden können. Unter Benutzung dieser Optionen errät es dann, wer Sie möglicherweise angerufen hat und benachrichtigt Sie. Etwas gruselig, oder? Aber auch sehr hilfreich.

Falls Sie sich besonders extra fühlen wollen, können Sie Siri bitten, den Anruf anzukündigen. Um diese Funktion anzustellen, gehen Sie auf Einstellungen > Handy > Anrufe ankündigen. Wählen Sie Immer, Kopfhörer und Auto, nur oder nie Kopfhörer aus, um Ihre Präferenzen für die Anrufannahme festzulegen.

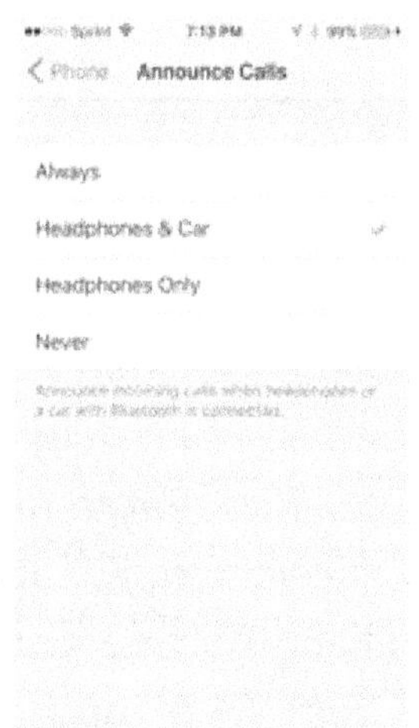

DAFÜR GIBT ES EINE APP

Das Wort App ist die Abkürzung für Applikation. Wenn Sie also jemanden sagen hören „Dafür gibt es eine App", heißt das lediglich, dass es für die Aufgabe ein Programm gibt, das tut, was Sie wollen. Wenn Sie ein Windowsbenutzer sind, sind all die Dinge, die Sie normalerweise öffnen (Wie etwa Word oder Excel) üblicherweise Apps. Apple hat im wahrsten Sinne des Wortes Millionen von Apps. Um eine App zu öffnen, müssen Sie sie einfach nur antippen.

Anders als bei Apps auf dem Computer müssen Sie die Apps auf Ihrem Handy nicht schließen, das geht automatisch. Bei den meisten Apps weiß das iPhone, wo Sie waren, wenn Sie es also anstellen ist dies gespeichert.

ORGANISIEREN SIE IHRE APPS

Wenn Sie sind wie ich—und die meisten anderen Menschen—dann lieben Sie Ihre Apps und haben eine ganze Menge davon! Sie werden wissen müssen, wie Sie diese bewegen können, sie in Ordner sortieren oder löschen. Das geht alles ganz leicht

Der Home Bildschirm ist vielleicht der erste Bildschirm, den Sie sehen, aber wenn Sie nach rechts wischen, sehen Sie, dass es noch mehr gibt; Sie haben ganze 11. Ich persönlich habe die meistgenutzten Apps auf den ersten Bildschirm bewegt und meine weniger oft genutzten auf den zweiten. Der untere Teil ist der, auf den meine permanent genutzten Apps sortiert werden (wie etwas Mail und Safari).

Wenn Sie die Apps re-arrangieren wollen, müssen Sie nur einen Finger benutzen, um auf Ihre Apps zu klicken. Statt zu tippen müssen Sie Ihren Finger für einige Sekunden nach unten halten; so öffnet sich sofort eine Option, aber Sie sollten darauf halten, bis die Apps anfangen zu wackeln. Wenn dies geschieht, können Sie sie auswählen und auf Ihrem Bildschirm herumschieben. Versuchen Sie es! Fassen Sie einfach eine App an und ziehen Sie Ihren Finger, um Sie zu bewegen. Sobald Sie den perfekten Ort erreichen, lassen Sie los. Nachdem Sie mehr Apps heruntergeladen haben, können Sie außerdem Apps zwischen den verschiedenen Home Bildschirmen verschieben.

Sie können die gleiche Methode benutzen, um Apps zu löschen. Der einzige Unterschied ist der, dass Sie statt die App zu bewegen auf das kleine x in der oberen linken Ecke des entsprechenden Symbols klicken müssen. Machen Sie sich keine Sorgen etwas versehentlich zu löschen. Die Apps werden alle in der Cloud aufbewahrt. Sie können diese also löschen und installieren so oft Sie wollen; Sie müssen nichts erneut bezahlen, sondern lediglich den Download erneut durchführen.

Wenn Sie Apps auf unterschiedliche Bildschirme tun, kann das hilfreich sein, aber um wirklich organisiert zu sein, sollten Sie Ordner benutzen. Sie können beispielsweise einen Ordner mit allen Gaming Apps, einen mit Finanz Apps und einen mit Sozialen Apps anlegen, ganz wie Sie wollen. Sie können den Namen frei auswählen. Falls Sie eine App „Die Toilette benutzen App" nennen wollen, können Sie dies selbstverständlich tun!

Um einen Ordner zu wählen, müssen Sie eine App über den Bildschirm über eine andere App ziehen, die Sie gerne im gleichen Ordner hätten.

Wenn diese erst beieinander sind, können Sie den Ordner benennen. Um den Ordner zu löschen, schieben Sie die Ordner Apps in den „Wackel Modus" und schieben Sie sie aus dem Ordner heraus. iPhone erlaubt keine leeren Ordner—wenn ein Ordner leer ist, wird er vom Handy automatisch gelöscht.

Wenn Sie mit der Organisation Ihrer Apps fertig sind, tippen Sie auf den Fertig Knopf in der oberen rechten Ecke.

AUF WIEDERSEHEN UNORDNUNG, HALLO APP BIBLIOTHEK

Apples App Store ist riesig! Tausende um Tausende von Apps! So viele Wahlmöglichkeiten, dass es ganz so scheint, als gäbe es eine App für alles. Es ist wundervoll! Es ist wahnsinnig toll! Es ist atemberaubend! Es… nimmt so viel Platz auf Ihrem Home Bildschirm weg!

Das Problem mit all diesen Apps ist, dass Sie anfangen sich anzusammeln, nach dem Sie das Handy einige Zeit benutzt haben. Ihr Handy wird mit Apps zugemüllt. Einige davon benutzen Sie immer, andere müssen Sie mehrere Minuten lang suchen.

Ab diesem Punkt hilft dann die App Bibliothek. Sie können noch immer die wichtigsten Apps auf dem Home Bildschirm aufbewahren, wo Sie leicht zu finden sind, aber den Rest in der App Bibliothek aufbewahren, wo Sie in Form einer Liste organisiert sind.

An die Bibliothek schicken

Haben Sie je eine App heruntergeladen und diese begann, sich auf ihrem Home Bildschirm zu installieren? Ich finde das persönlich recht nervig! Der Home Bildschirm ist ein Privileg auf meinem Handy! Er ist nur für die Apps reserviert, die sich als lebensnotwendig herausgestellt haben—wie Candy Crush und Words With Friends! Wie kann es sich eine nicht erst getestete App erlauben, auf dem Home Bildschirm zu erscheinen.

Sie können dies über die Einstellungen App korrigieren, wo Sie dann Home Bildschirm auswählen sollten; wählen Sie dann ausschließlich das Zeichen für die App Bibliothek aus, unter den neu heruntergeladenen Apps. Wenn Sie das nächste Mal eine App herunterladen, findet sich diese direkt in der App Bibliothek.

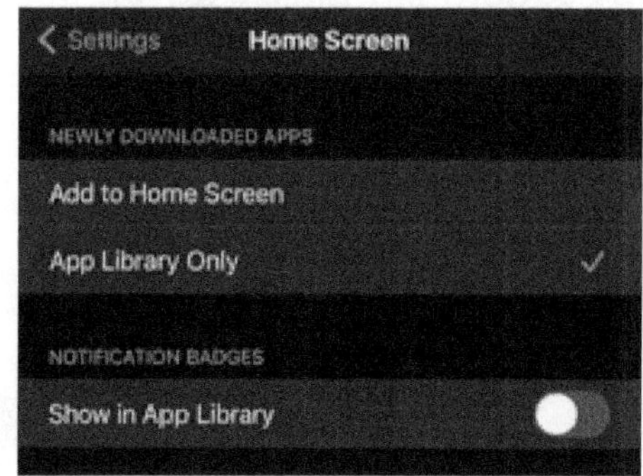

Wenn sich diese App als Gamechanger entpuppt und Sie sie permanent benutzen, können Sie sie einfach auf einen anderen Bildschirm bewegen —tippen Sie darauf und halten Sie Ihren Finger auf der Stelle, dann schieben Sie die App aus der App Bibliothek (Genau wie beim Umsortieren anderer Apps).

Sie können auch Apps vom Home Bildschirm in die App Bibliothek bewegen. Dazu sollten Sie die App antippen und halten, dann auf den Minusknopf in der unteren linken Ecke der App drücken. Sie werden anschließend gefragt, ob Sie die App löschen oder in die App Bibliothek bewegen wollen.

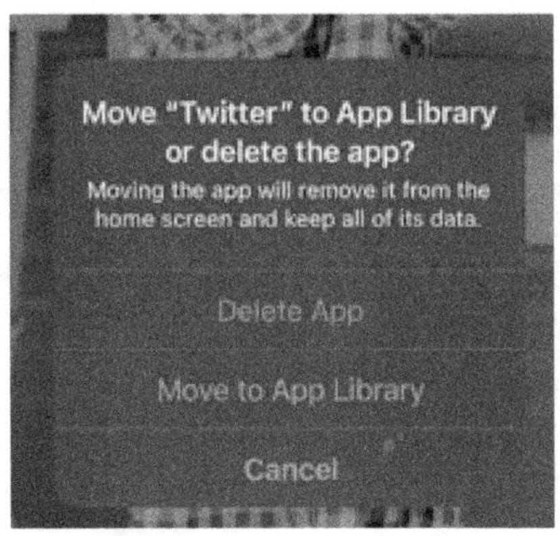

DAFÜR GIBT ES EIN WIDGET!

Android Nutzer haben Ihnen wahrscheinlich seit Jahren Ihre Widgets unter die Nase gehalten. iPhone hat schon seit einiger Zeit Widgets, aber diese tauchten zuvor noch nicht auf dem Home Bildschirm auf. Das ändert sich mit iOS 14.

Es geht ganz einfach. Tippen und halten Sie den Home Bildschirm. Ich habe bereits ein Foto Widget auf meinem Handy, wie Sie auf dem Beispiel unten erkennen können. Um ein weiteres hinzuzufügen, tippen Sie auf das + in der unteren linken Ecke.

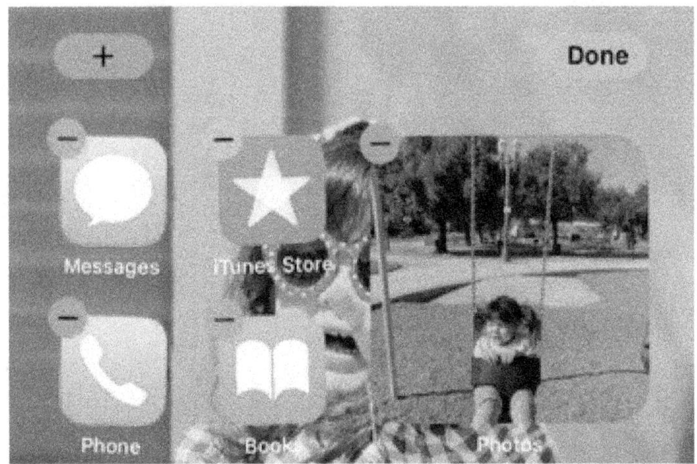

Sie können entweder nach Widgets suchen oder alle durchscrollen.

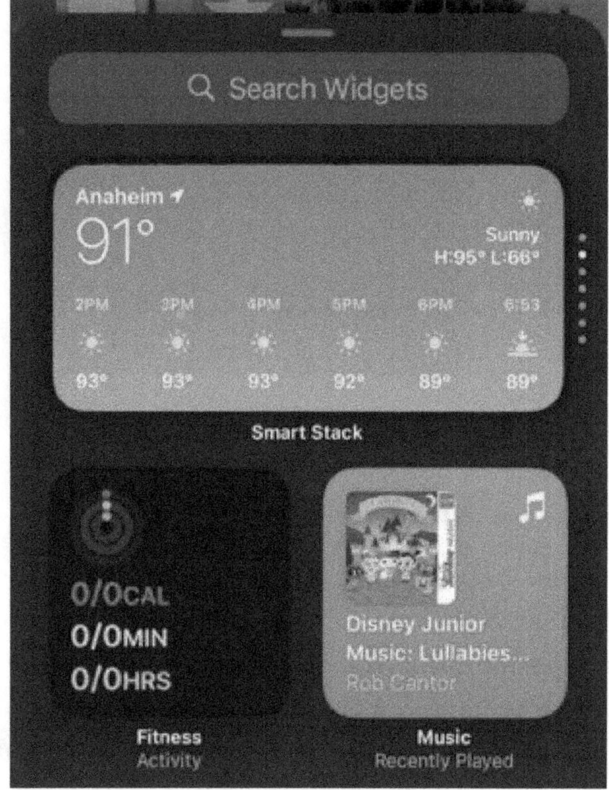

Wenn Sie das, was Sie brauchten gefunden haben, tippen Sie darauf; einige Widget haben mehrere Variationen und Grüßen, unter denen Sie wählen können.

Nachdem Sie es hinzugefügt haben, Ziehen Sie es über Ihren Bildschirm wie Sie es bei einer App Abkürzung tun würden. Wenn Sie entscheiden, dass Sie es nicht wollen, tippen Sie das – Symbol in der unteren linken Ecke des Widgets an.

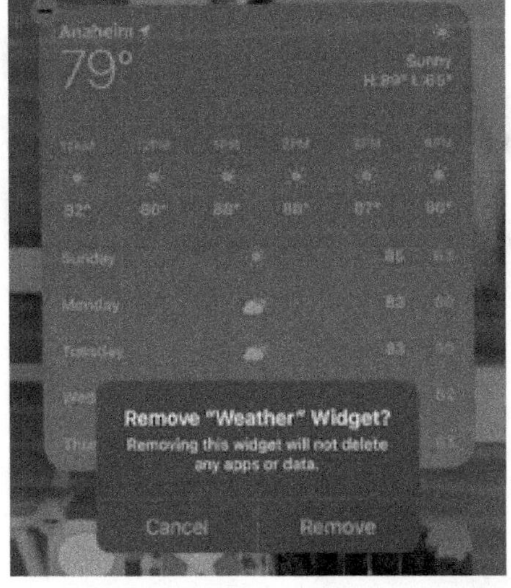

Smart Stacks

Sie können auch einen so genannten Smart Stack hinzufügen—dieser verändert sich abhängig davon, was es für Ihre tägliche Benutzung vorhersagt.

Wenn das Widget die gleiche Größe hat, können Sie es auf eine andere Widget Box schieben und so Ihren eigenen Smart Stack erstellen.

Ist es erst hinzugefügt können Sie hoch oder innerhalb des Widgets nach unten wischen, um zwischen den Apps umzuschalten.

Wenn Sie lange darauf drücken, können Sie den Stack bearbeiten.

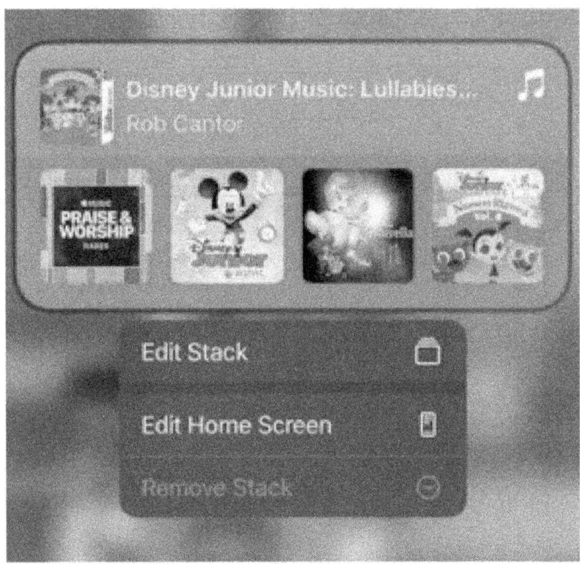

Wenn Sie ihn bearbeiten können Sie alles, was sich im Stack befindet, bewegen und Smart Rotate (Drehen im Smart Modus) abschalten, damit es nicht den ganzen Tag rotiert.

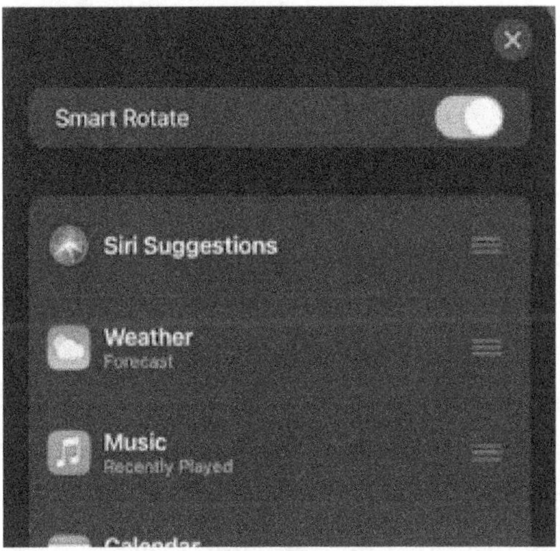

SUCHEN SIE IN DER APP NACH TEXT

Wenn Sie von der Bildschirmmitte aus nach unten wischen, können Sie schnell nach Apps suchen, dies ist besonders hilfreich, wenn Sie viele von ihnen haben. Sie können auch nach Text innerhalb einer App suchen, wenn Sie vom In-der-App-suchen-Abschnitt nach unten scrollen.

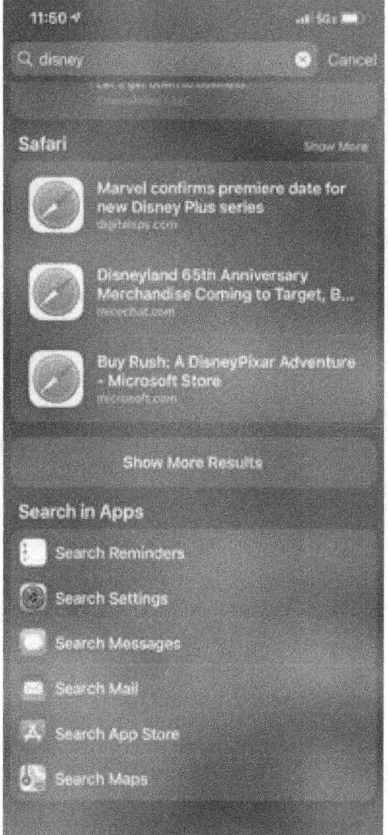

TEXTNACHRICHTEN SCHREIBEN

Mehr und mehr Smartphone Nutzer bevorzugen das Schreiben von Textnachrichten statt Telefongesprächen, und das iPhone macht es noch einfacher mit allen in Kontakt zu bleiben. Zusätzlich zum Senden regelmäßiger Textnachrichten und Multimedianachrichten (Bilder, Videoclips, und Sprachnachrichten), können Sie auch iMessage nutzen, um Nachrichten an andere Apple Nutzer zu senden. Diese Funktion erlaubt es Ihnen, Direktnachrichten an alle Mac Geräte, die über OS X Mountain Lion oder höher laufen, oder etwaige iOS Geräte, die iOS 5 oder höhere Software benutzen zu verschicken.

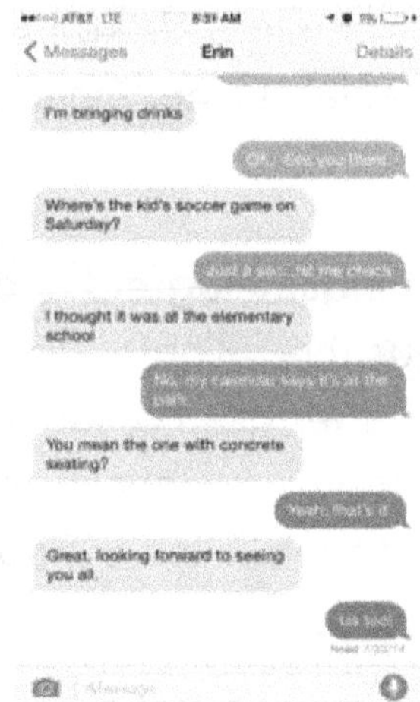

Auf dem Haupt-Nachrichten-Bildschirm können Sie Ihre verschiedenen laufenden Konversationen sehen. Sie können außerdem Konversationen löschen, in dem Sie von der linken zur rechten Seite wischen und dann auf den roten Löschen Knopf drücken. Neue Konversationen oder existierende Konversationen mit neuen Nachrichten werden durch einen blauen Knopf hervorgehoben, welcher sich an der Seite befindet, und das Nachrichtensymbol hat eine Markierung mit der Anzahl der ungelesenen Nachrichten an der Seite, ähnlich wie bei Mail und Handy Symbolen.

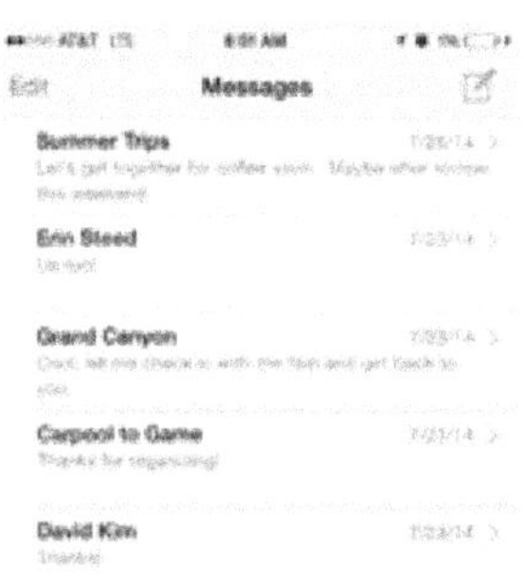

Um eine Nachricht zu erstellen, klicken Sie auf das Symbol Nachrichten und dann auf die Schaltfläche Verfassen in der oberen rechten Ecke.

Sobald das neue Meldungsdialogfeld angezeigt wird, klicken Sie auf das Pluszeichen (+), um aus Ihrer Kontaktliste auszuwählen, oder geben Sie einfach die Telefonnummer der Person ein, der Sie eine SMS senden möchten. Fügen Sie für Gruppennachrichten einfach so viele Personen hinzu, wie Sie möchten. Klicken Sie abschließend auf das untere Feld, um mit der Eingabe Ihrer Nachricht zu beginnen.

iMessage hat in den vergangenen Jahren viele neue Funktionen hinzugefügt. Wenn Sie nur eine Nachricht senden möchten, tippen Sie einfach auf den blauen Aufwärtspfeil. Aber Sie können so viel mehr als nur eine Nachricht senden! (Bitte beachten Sie, dass eine Nachricht mit neueren Funktionen an Personen mit einem älteren Betriebssystem oder einem Gerät, das nicht von Apple stammt, nicht so aussieht, wie sie auf Ihrem Bildschirm angezeigt wird.) Drücken Sie zunächst mit leichtem Druck (aber lassen Sie dabei die blaue Taste nicht los) - oder drücken Sie etwas fester (sollten Sie ein Telefon mit 3D Touch oder Haptic Touch verwenden). Dadurch werden verschiedene Effekte, um Ihre Nachricht interessanter zu machen, angezeigt.

Am oberen Rand dieses Bildschirms sehen Sie außerdem zwei Registerkarten. Auf einer von beiden steht "Blase" und auf der anderen
steht "Bildschirm"; wenn Sie auf "Bildschirm" tippen, können Sie eine
Animation für den gesamten Bildschirm hinzufügen. Wenn Sie nach
rechts und links Wischen, werden Ihnen die neuen Animationen angezeigt.

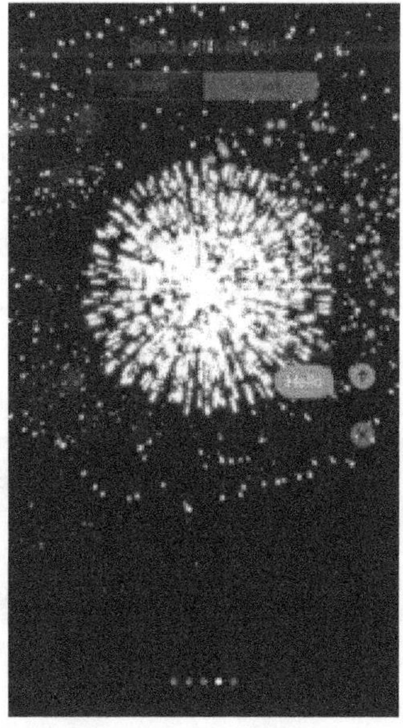

Wenn Sie eine Nachricht bekommen, die Sie gerne mögen und beantworten wollen, tippen Sie darauf und lassen Sie Ihren Finger über der Nachricht oder über dem Bild; so werden Ihnen die verschiedenen Reaktionsoptionen angezeigt.

Wenn Sie Ihre Auswahl getroffen haben, kann die Person am anderen Ende Ihre Antwort sehen.

Lassen Sie uns einen Blick auf die Optionen neben der Nachricht werfen, falls Sie gerne eine Animation, ein Foto, ein Video, oder diverse andere Dinge hinzufügen wollen.

Sie haben drei Möglichkeiten - die wiederum noch mehr Möglichkeiten bieten! Die erste ist die Kameraoption, mit der Sie Fotos gemeinsam mit Ihrer Nachricht senden können (oder neue Fotos aufnehmen können - beachten Sie dabei, dass diese Fotos nicht auf Ihrem Handy gespeichert werden). Die zweite Option ermöglicht es Ihnen, iMessage-Apps zu verwenden (mehr dazu in einer Sekunde). Mit der letzten Option können Sie eine Sprachnachricht aufnehmen. Lassen Sie uns zunächst einen Blick auf die Kameraoptionen werfen.

Wenn Sie Ihrer Nachricht nur ein Foto hinzufügen möchten, gehen Sie nach dem Tippen auf die Kamera in die obere linke Ecke und tippen Sie auf das Fotosymbol. Dadurch werden alle Fotos als Option zum Anhängen angezeigt

Wenn Sie ein Originalfoto aufnehmen möchten, tippen Sie auf den runden Knopf unten. Um Effekte hinzuzufügen, tippen Sie auf den Stern in der unteren linken Ecke.

Durch Tippen auf Effekte werden alle verschiedenen Effekte angezeigt, die Ihnen zur Verfügung stehen. Ich werde in Kürze mehr über Animoji sprechen, aber als Beispiel können Sie mit dieser App ein Animoji auf Basis Ihres Gesichts kreieren (Sehen Sie sich das folgende Beispiel an - nicht schlecht als Autorenfoto geeignet, oder?!)

Schließlich ist die letzte verbleibende Option „Apps". Sie sollten jetzt alles über Telefon-Apps wissen, aber nun gibt es noch eine neue

Reihe von Apps, die als iMessage-Apps bezeichnet werden. Mit diesen Apps können Sie sowohl albern (digitale Aufkleber senden) als auch ernst (Geld per Textnachricht verschicken) sein. Tippen Sie zunächst auf die Schaltfläche "+", um den iMessage App Store zu öffnen.

Sie können alle Apps, wie Sie es auch im normalen App Store täten, durchsuchen. Sie werden außerdem auch genauso installiert.

Wenn Sie bereit sind, die App zu verwenden, tippen Sie einfach auf Apps, wählen Sie die App, die Sie laden möchten, an und tippen Sie auf das, was Sie senden möchten. Sie können auch Aufkleber oder „Stickers" als Nachricht schicken. Dazu müssen Sie einfach nur auf einen Tippen, daraufhalten und ihn dann durch Ziehen bewegen.

Im App Abschnitt befindet sich außerdem ein „Bilder" Knopf.

Wenn Sie auf diesen Knopf drücken, können Sie tausende humorvolle Memes und animierte GIFs auswählen. Tippen Sie einfach darauf und suchen Sie dann nach dem Begriff, den Sie finden wollen—zum Beispiel "Geld" oder "Kampf".

Eine letzte iMessage-Funktion, die es wert ist, ausprobiert zu werden, ist die persönliche handschriftliche Notiz. Tippen Sie auf eine neue Nachricht, als wollten Sie einen neuen Text eingeben. Drehen Sie dann Ihr Telefon in eine horizontale Position. Dies bietet Ihnen die Möglichkeit, mit dem Finger eine handschriftliche Notiz zu erstellen. Melden Sie sich ab und klicken Sie auf "Fertig", wenn Sie dies abgeschlossen haben.

JEMANDEN IN EINER NACHRICHT MARKIEREN

Wenn Sie Messaging-Programme wie Slack verwendet haben, sind Sie wahrscheinlich nur allzu vertraut damit, jemanden in einem Gespräch zu markieren. Das Markieren erregt die Aufmerksamkeit der Person und startet innerhalb der Unterhaltung einen neuen Thread.

Wenn Sie sich also in einem großen Textnachrichtenaustausch befinden, kann jeder, wenn Sie jemanden markieren, Ihre Nachricht lesen, aber nicht jeder wird persönlich benachrichtigt. So ist alles also etwas weniger aufdringlich.

Um jemanden in einer Konversation zu markieren, müssen Sie nur ein @ vor deren Namen schreiben, wenn Sie Ihre Antwort tippen.

Wenn Sie „inline" auf eine Nachricht antworten möchten, drücken Sie lange auf die entsprechende Nachricht. Mit dem Begriff „inline" meine ich Folgendes: Nehmen wir an, es gibt eine Nachricht, die etwas weiter oben in der Konversation mit mehreren Menschen ist. Sie können lange darauf drücken, um zu antworten, damit alle wissen, auf welche Nachricht Sie sich beziehen.

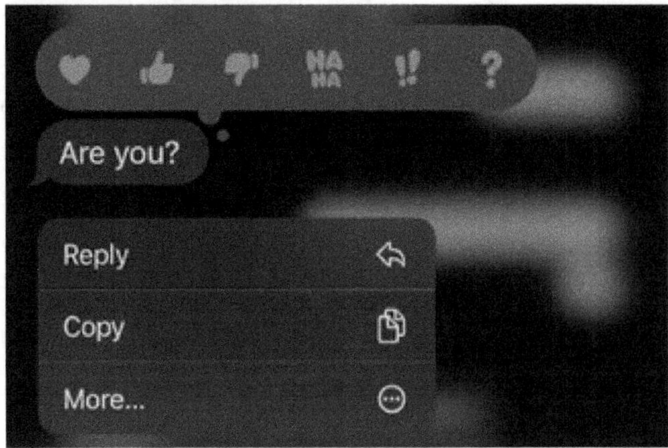

Nachdem Sie auf Antworten geklickt haben antworten Sie einfach so, wie Sie es immer tun würden.

Dies gewinnt dann die Aufmerksamkeit der Person und diese wird die Nachricht als Anwortbenachrichtung unter der Nachricht angezeigt bekommen.

Wenn sich der Beitrag auf eine Nachricht von weiter oben bezieht, wird die Person diese ebenfalls wie die unten angezeigte Nachricht sehen.

NACHRICHTEN ANHEFTEN

Wenn Sie viele Nachrichten schreiben, kann das Antworten möglicherweise etwas lästig werden. Messages funktioniert so, dass die neuesten Nachrichten nach oben wandern. Dies funktioniert meist gut, aber Sie können alternativ stattdessen Ihre Favoriten nach oben „pinnen" (anheften).

Im folgenden Beispiel wird meine Frau an die Spitze der Gespräche geheftet. Obwohl andere Leute mir in jüngerer Zeit geschrieben haben, wird sie immer ganz oben angezeigt (es sei denn, ich entferne sie). Das macht es einfacher zu antworten.

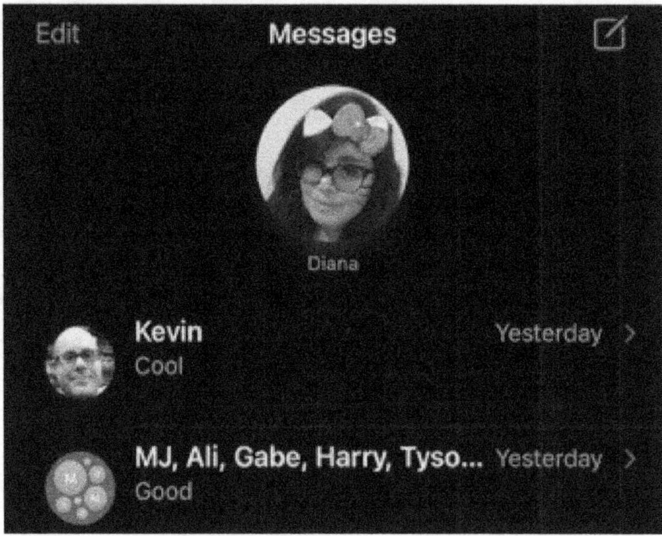

Um jemanden zum oberen Teil hinzuzufügen oder zu entfernen, tippen Sie auf den bearbeiten Knopf in der unteren linken Ecke, wählen Sie dann Pins bearbeiten aus.

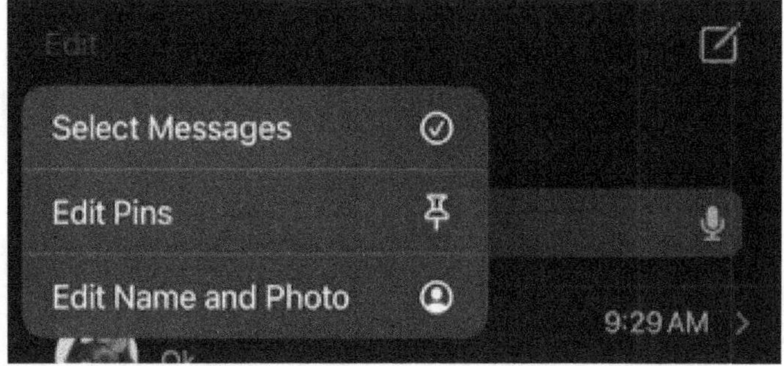

Wenn Sie diese entfernen wollen, tippen Sie auf das Minussymbol über ihrem Bild (in der oberen linken Ecken), wenn Sie sie hinzufügen wollen, tippen Sie auf das gelbe Heftklammersymbol.

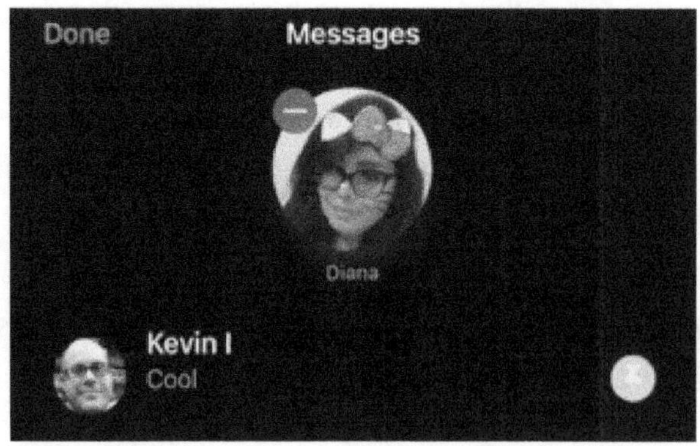

Sie können mehrere Menschen oben anheften, Ich persönlich finde, dass drei eine gute Menge ist, aber Sie können auch mehr hinzufügen.

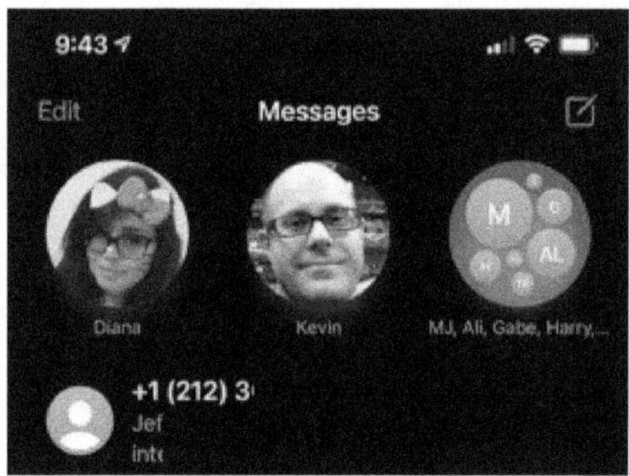

BENACHRICHTIGUNGEN

Wenn Sie Ihr Telefon gesperrt haben, werden Ihnen irgendwann Benachrichtigungen angezeigt; hier sehen Sie Dinge wie "Sie haben eine neue E-Mail", "Vergessen Sie nicht, Ihren Alarm einzustellen", usw.

Wenn Sie also alle Ihre Benachrichtigungen auf Ihrem Sperrbildschirm sehen, werden diese nach den verschiedenen Arten organisiert sein. Tippen Sie einfach darauf, um alle Benachrichtigungen einer Kategorie anzuzeigen.

Kein Fan der Gruppierung? Kein Problem. Sie können die Funktion für jede App deaktivieren. Gehen Sie auf Einstellungen, dann zu Benachrichtigungen und tippen Sie auf die App, für die Sie die Gruppierung deaktivieren möchten. Deaktivieren Sie unter Benachrichtigungsgruppierungen einfach die Automatisierung.

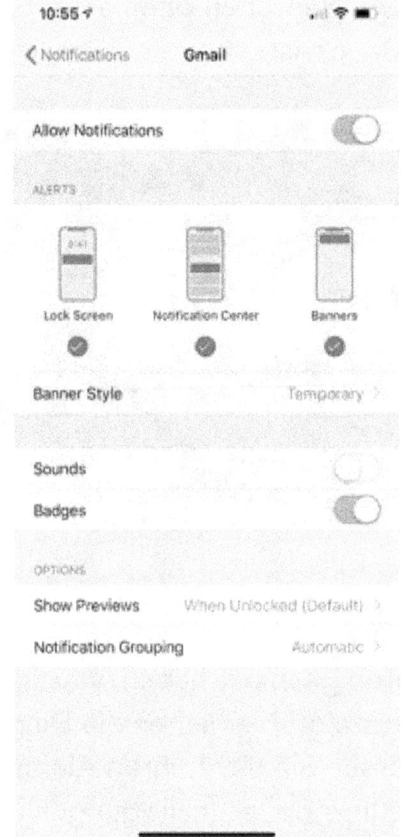

AIRDROP BENUTZEN

AirDrop wurde in iOS 7 eingeführt, obwohl Apple-Fans wahrscheinlich bereits die Mac OS-Version auf MacBooks und iMacs verwendet haben. In Mac OSX Sierra und Yosemite können Sie mit AirDrop endlich Dateien zwischen iOS und Ihrem Mac hin und her teilen. AirDrop ist Apples Dateifreigabedienst und auf iOS-Geräten Standard.

Sie können AirDrop über das Freigabesymbol an jeder beliebigen Stelle in iOS aktivieren. Wenn andere AirDrop-Benutzer in der Nähe sind, sehen Sie alles, was diese über AirDrop teilen, und die anderen können wiederum alles sehen, was Sie teilen.

[4]

WIE MAN SICH VORWÄRTS BEWEGT

Dieses Kapitel beschreibt:
- Mehr über die Telefon App
- Emails schicken
- Im Internet surfen
- iTunes benutzen
- Suchen von Apps im App Store
- Hinzufügen von Kalendarelementen
- Das Wetter ermitteln
- Die Verwendung von Maps
- Gesundheit
- Finde Meine Freunde
- Finde Mein Handy
- HomeKit
- ARKit

Es gibt Millionen von Apps, die Sie herunterladen können, aber Apple investiert viel Zeit, um sicherzustellen, dass einige der besten Apps ihre eigenen sind. Wenn Sie ein neues iPhone erhalten, sind bereits Dutzende von Apps vorinstalliert. Sie können diese löschen (und später erneut herunterladen), aber bevor Sie das tun, sollten Sie sicherstellen, dass Sie wissen, was genau die Apps sind.

HANDY

In den vorherigen Kapiteln haben Sie sich eingehend mit dem Tätigen von Anrufen befasst. Lassen Sie uns nun etwas mehr darauf eingehen.

Öffnen Sie Ihre Telefon-App. Beachten Sie die Registerkarten am unteren Bildschirmrand. Lassen Sie uns noch einmal durchgehen, was jede von Ihnen kann.

Favoriten: Dies sind die Personen, die Sie am häufigsten anrufen. Sie sind auch in Ihren Kontakten. Das ist mit Ihrer Kurzwahl vergleichbar.

Kürzliche Anrufe: Jeder Anruf (ausgehend oder eingehend) wird hier angezeigt. Eingehende Anrufe sind schwarz und ausgehende Anrufe rot gekennzeichnet.

Kontakte: Hier wird jeder Kontakt zu finden sein. Haben sie die Buchstaben an der Seite bemerkt? Tippen Sie auf den Buchstaben der mit der Person, die Sie anrufen möchten, übereinspricht, um zu den Kontakten mit diesem Anfangsbuchstaben zu springen.

Tastatur: Sie verwenden diese, wenn Sie jemanden über eine echte Tastatur anrufen möchten.

Anrufbeantworter: alle Nachrichten auf Ihrem Anrufbeantworter werden hier aufbewahrt, bis Sie sie löschen.

Ich persönlich füge gerne Kontakte von iCloud.com aus hinzu und melde mich über meinen iTunes Account an. So synchronisiert sich alles automatisch mit meinem Handy und alles läuft auf Internetbasis, was bedeutet, dass es egal ist, ob Sie ein Macbook oder einen PC benutzen. Ich mag es so lieber, weil ich auf einer echten Tastatur tippen kann.

Für die Zwecke dieses Buches werde ich aber die Handymethode verwenden; welche fast identisch zu der iCloud Methode funktioniert.

Um einen Kontakt hinzuzufügen, tippen Sie auf "Kontakte", tippen Sie dann auf den '+' Knopf in der oberen rechten Ecke. Sie können zusätzlich Kontakte entfernen, in dem Sie stattdessen auf den bearbeiten

Knopf des Kontakts, den Sie löschen wollen, tippen und dann auf „Löschen" gehen.

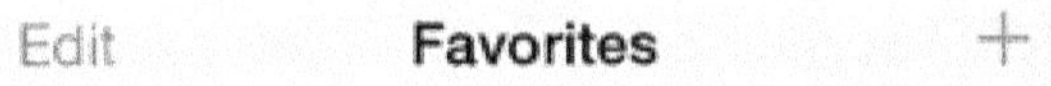

Um Informationen einzufügen, müssen Sie nur in jedes Feld tippen. Wenn Sie auf "Foto hinzufügen" tippen, haben Sie außerdem die Möglichkeit, ein Foto von jemandem aufzunehmen oder eines zu verwenden, das Sie bereits haben. Wenn Sie einen Klingelton oder eine Vibration zuweisen möchten, damit ein bestimmtes Lied nur dann abgespielt wird, wenn eine spezielle Person anruft, fügen Sie diese Option unter „Klingeltöne" hinzu. Wenn Sie fertig sind, tippen Sie auf "Fertig". Sie haben jetzt die Möglichkeit, die Person zu Ihren Favoriten hinzuzufügen, sollten Sie diese Person häufig anrufen.

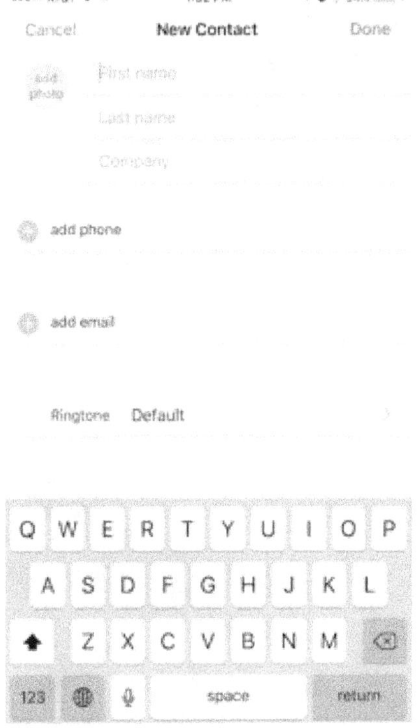

Um eine Person anzurufen, tippen Sie einfach auf deren Namen. Wenn Sie stattdessen eine Textnachricht senden möchten, tippen Sie auf den blauen Pfeil neben dem Namen der Person. Beachten Sie, dass nur der blaue Pfeil im Abschnitt „Favoriten" angezeigt wird. Um jemanden anzurufen, der nicht zu Ihren Favoriten gehört, tippen Sie in den

Kontakten auf den entsprechenden Namen. Sie werden dann gefragt, ob Sie anrufen oder eine SMS senden möchten. Wenn Sie die Person lieber über Facetime anrufen möchten (sofern sie über Facetime verfügt), haben Sie die Möglichkeit, auf die blaue Ausruftaste zu tippen.

Eine stark beworbene Funktion auf dem iPhone ist "Nicht stören". Wenn diese Funktion aktiviert ist, werden keine Anrufe durchgestellt. Sie sehen nicht einmal, dass Ihr Telefon klingelt, es sei denn, es stammt von jemandem in Ihrer genehmigten Liste. Auf diese Weise können Sie festlegen, dass es nur klingelt, wenn jemand in Ihrer Familie anruft. Um diese Funktion nutzen zu können, müssen Sie auf über Ihren Startbildschirm auf Einstellungen gehen.

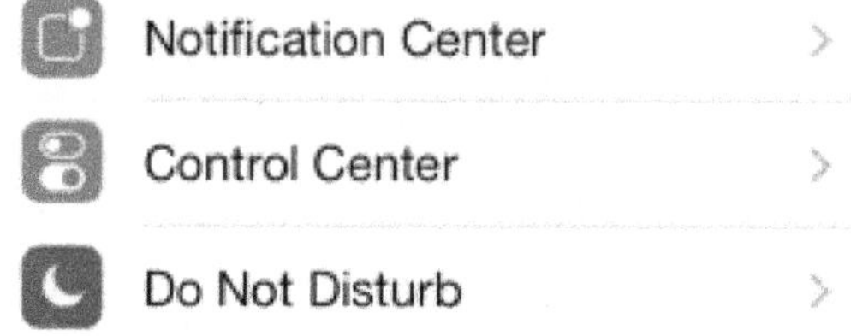

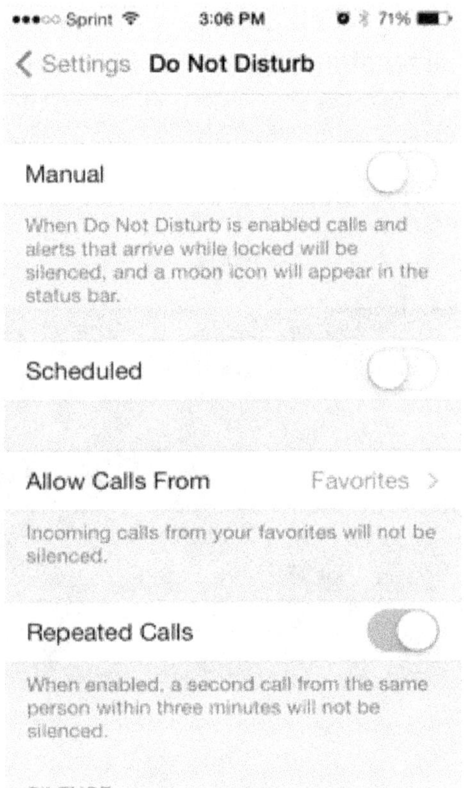

Wenn "Nicht stören" aktiviert ist, kann standardmäßig jeder Ihrer Favoriten anrufen. Beachten Sie auch die Schaltfläche „Wiederholte Anrufe", die standardmäßig aktiviert ist. Das heißt, wenn dieselbe Person innerhalb von drei Minuten zweimal anruft, kommt der Anruf durch.

Wenn Sie festlegen möchten, dass keine Anrufe weitergeleitet werden, tippen Sie auf "Anrufe zulassen von". Um zum vorherigen Menü zurückzukehren, tippen Sie einfach auf den „Nicht stören" Knopf in der oberen linken Ecke. Jedes Mal, wenn Sie diesen Knopf in der oberen linken Ecke sehen, gelangen Sie damit zum vorherigen Bildschirm. Die Informationen hier werden gespeichert, sobald Sie darauf tippen. Machen Sie sich also keine Sorgen über den „Speichern" Button.

DIE MONALISA DER FACETIME OPTION?

Haben Sie jemals eines dieser Gemälde gesehen, auf denen es wirkt, als würden die Augen Ihnen folgen? Apple scheint diese Technik mit einer Einstellung für FaceTime nachzuahmen, die versucht, sich auf Ihre Augen zu konzentrieren, um dem Betrachter einen konstanten

Augenkontakt zu ermöglichen. Selbst wenn Sie auf Ihren Bildschirm starren und ein Spiel spielen, scheint es damit, als würden Sie in die Kamera schauen!

Um die Funktion zu aktivieren, gehen Sie auf Ihre Einstellungen App und wählen Sie FaceTime aus. Stellen Sie sicher, das "Blickkontakt" angestellt ist.

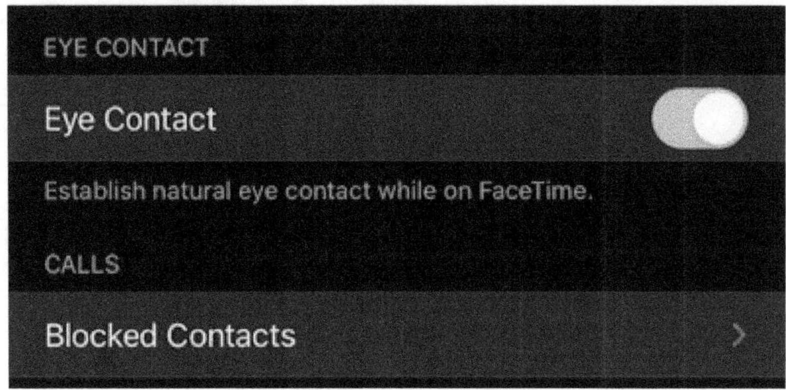

MAIL

Mit dem iPhone können Sie mehrere E-Mail-Adressen von praktisch jedem erdenklichen E-Mail-Klienten hinzufügen. Yahoo, Gmail, AOL, Exchange, Hotmail und viele mehr können Ihrem Telefon hinzugefügt werden, sodass Sie Ihre E-Mails unabhängig von Ihrem Aufenthaltsort abrufen können. Um eine E-Mail-Adresse hinzuzufügen, klicken Sie auf das App-Symbol "Einstellungen" und scrollen Sie zur Mitte, wo Ihre E-Mail, Ihre Kontakte und Ihr Kalender angezeigt werden. Sie sehen dann die Logos der größten E-Mail-Anbieter. Sollten Sie aber eine andere Art E-Mail haben, klicken Sie einfach auf "Andere" und fahren Sie fort.

Wenn Sie Ihre E-Mail-Einstellungen nicht kennen, müssen Sie die Seite, die zur Suche nach E-Mail-Einstellungen dient, auf Apples Webseite besuchen. Dort können Sie Ihre gesamte E-Mail-Adresse eingeben, und auf der Webseite wird angezeigt, welche Informationen wo eingegeben werden müssen, damit Ihr E-Mail-Konto auf dem Handy funktioniert. Die Einstellungen ändern sich mit jedem einzelnen, sodass das, was für einen Anbieter funktioniert, möglicherweise nicht bei einem anderen Anbieter funktioniert. Wenn Sie mit dem Hinzufügen beliebig vieler E-Mail-Konten fertig sind, können Sie auf dem Startbildschirm Ihres Telefons auf das Mail-App-Symbol klicken und sich so jeden Posteingang einzeln oder alle gleichzeitig anzeigen lassen.

MIT SAFARI DURCH DAS INTERNET SURFENI

Wenn Sie das iPhone verwenden, zahlen Sie wahrscheinlich bereits für einen Datentarif. Daher möchten Sie wahrscheinlich das Internet voll ausnutzen.

Es besteht eine gute Chance, dass Sie einen Anbieter verwenden, der kein unbegrenztes Surfen im Internet anbietet. Das heißt, wenn Sie das Internet häufig nutzen, müssen Sie extra bezahlen. Was ich empfehle, ist die Verwendung von Wi-Fi, wenn Sie es (zum Beispiel bei sich zuhause) zur Verfügung haben. Bevor wir zu Safari zurückkehren, schauen wir uns kurz an, wie das W-Lan aktiviert wird.

Tippen Sie auf Ihrem Startbildschirm auf das Symbol Einstellungen.

Die zweite Option im Einstellungsmenü ist das W-Lan, tippen Sie einmal auf die entsprechende Reihe.

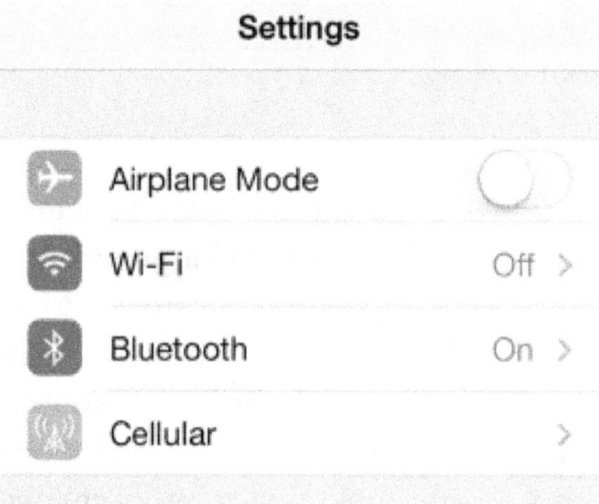

Stellen Sie als nächstes das Wi-Fi von aus auf an oder tippen Sie auf "Aus."

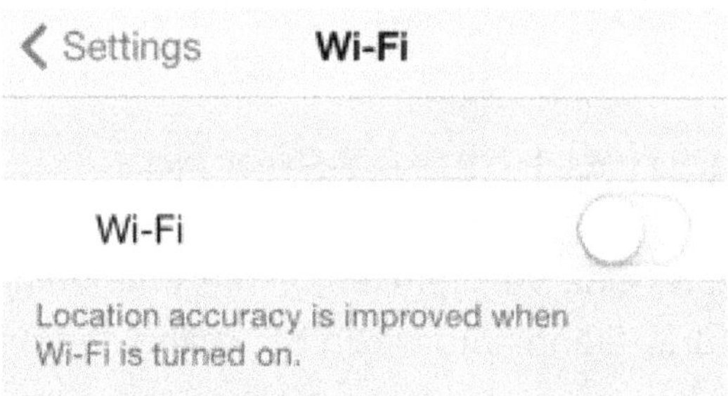

Hier wird nun ihr W-Lan Netzwerk (sofern Sie eines haben) erscheinen. Tippen Sie einmal darauf.

2WIRE103

Wenn ein Schloss neben dem Signal Symbol erscheint, bedeutet das, dass der W-Lan Zugriff gesichert ist und nur mit einem Passwort geöffnet werden kann. Wenn Sie dazu aufgefordert werden, müssen Sie hier das Passwort eingeben und auf "Beitreten" tippen.

Sie werden nun eine Verbindung zum W-Lan Netzwerk herstellen. Denken Sie daran, dass viele Orte wie Starbucks, McDonald's, Nordstrom, Lowe's usw. kostenloses W-Lan anbieten, um Sie in den Laden zu locken und zum Verweilen zu ermutigen. Nutzen Sie dies zu Ihrem Vorteil und heben Sie sich Ihre mobilen Daten für Zeiten, wenn sie wirklich gebraucht werden, auf.

Lassen Sie uns nun sehen, wie Safari funktioniert.

Tippen Sie einmal auf das Safari Symbol, um den Browser aufzurufen. Sie haben bereits gesehen, wie die Adressleiste funktioniert. Um nach etwas zu suchen, verwenden Sie genau das gleiche Feld. So können Sie im Internet nach allem suchen. Stellen Sie sich das als Google, Bing oder Yahoo! Suchmaschine in der Ecke Ihres Bildschirms vor. Genau so geht es. Denn wenn Sie nach etwas suchen, wird eine dieser Suchmaschinen verwendet, um die Ergebnisse zu generieren.

Am unteren

Bildschirmrand sehen Sie fünf Schaltflächen. Die ersten beiden sind die Schaltflächen "Zurück" und "Vorwärts", mit denen der Browser entweder rückwärts oder vorwärts zur Webseite wechselt, auf der Sie zuvor waren.

Neben dem Vorwärtspfeil in der Mitte befindet sich ein Knopf, mit dem Sie eine Website freigeben, zum Startbildschirm hinzufügen, drucken, mit einem Lesezeichen versehen, kopieren oder zur Leseliste hinzufügen können.

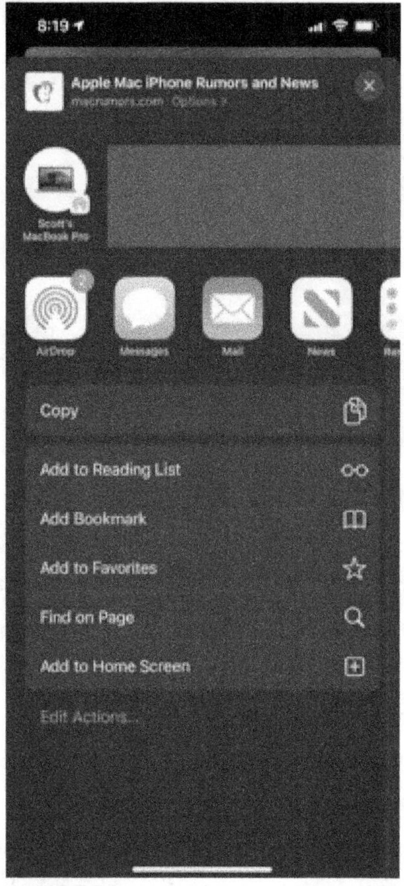

Das ist toll! Aber was soll das alles bedeuten? Lassen Sie uns einmal genauer auf jeden Knopf im Menü schauen:

Die erste Reihe ermöglicht es Ihnen, den Link an nahegelegene Geräte zu schicken, oder an Menschen, denen sie häufig schreiben.

Darunter befinden sich die Apps, die Sie öffnen können, um ihnen den Link zu schicken.

Endlich befinden sich darunter verschieden Aktionen, die Sie mit dem Link durchführen können.

Zum Startbildschirm hinzufügen: Wenn Sie häufig auf eine Website gehen, kann diese Option sehr praktisch sein. Mit dieser Schaltfläche fügen Sie Ihrem Startbildschirm ein Symbol für eine Webseite hinzu. Auf diese Weise können Sie die Webseite jederzeit direkt vom Startbildschirm aus aufrufen. Kopieren: Dies kopiert die Adresse der Webseite.

Lesezeichen hinzufügen: Wenn Sie häufig eine bestimmte Webseite besuchen, diese aber nicht zu Ihrem Startbildschirm hinzufügen möchten, können Sie sie mit einem Lesezeichen versehen. Ich werde Ihnen dies in einem Moment genauer zeigen.

Zur Leseliste hinzufügen: Wenn Sie eine Menge Nachrichtenberichte geöffnet haben, können Sie diese zu einer Leseliste hinzufügen, in dem Sie später lesen auswählen (das geht sogar, wenn Sie offline sind).

Die nächste Schaltfläche, die über den Teilen Link, der oben angezeigt wird, zugänglich ist, sieht aus wie ein Buch. Es handelt sich um den Lesezeichen Knopf.

Wenn Sie ein Lesezeichen hinzufügen (denken Sie daran, dass Sie dies über die vorherige Schaltfläche, die Freigabe, tun), werden Sie aufgefordert, es zu benennen. Standardmäßig wird es auf der Registerkarte "Allgemeine Lesezeichen" abgelegt. Sie können jedoch auch neue Ordner erstellen, indem Sie auf "Lesezeichen" klicken.

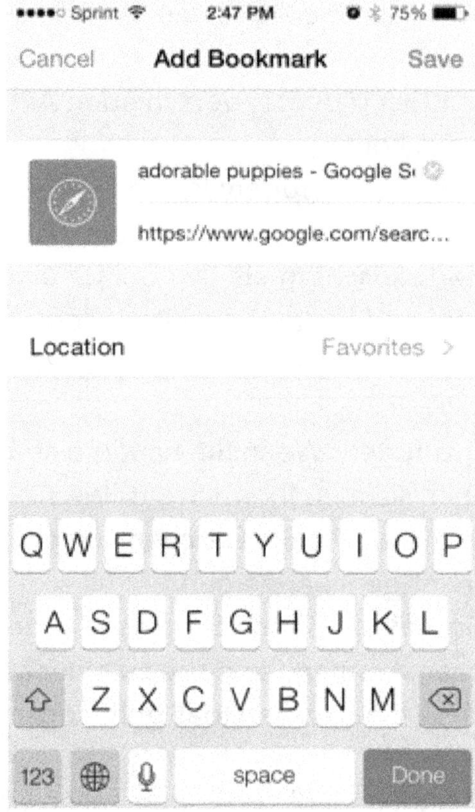

Nun können Sie jederzeit auf die Webseite zugreifen, ohne die Adresse eingeben zu müssen, klicken Sie stattdessen einfach auf Ihre Lesezeichen.

Die Leseliste ist das mittlere Symbol, das wie eine Brille aussieht und auf dem Sie alle Webseiten, Blog-Beiträge oder Artikel anzeigen lassen können, die Sie für das Offline-Lesen gespeichert haben. Um ein Stück Internetliteratur in Ihrer Leseliste zu speichern, tippen Sie auf das Symbol Teilen und dann auf „Zur Leseliste hinzufügen". Gespeicherte Seiten können wie eine Textnachricht gelöscht werden, indem Sie von rechts nach links wischen und auf die rote Schaltfläche „Löschen" tippen.

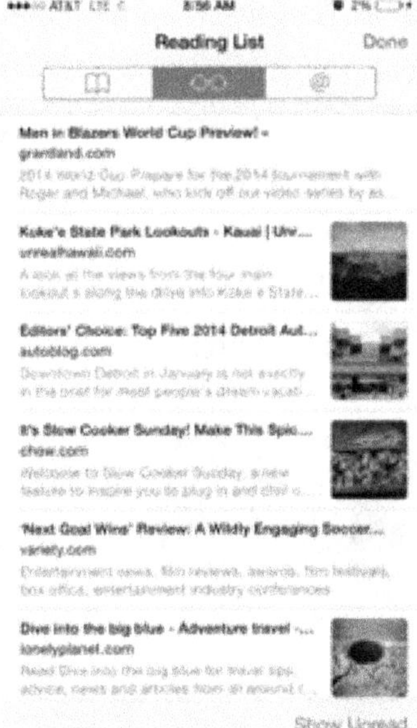

Auf der dritten Registerkarte auf der Seite "Lesezeichen" können Sie Ihre freigegebenen Links und Abonnements sehen. Abonnements können von jeder Webseite, die RSS-Feeds bereitstellt, aus eingerichtet werden und Ihr Telefon lädt automatisch die neuesten Artikel und Beiträge herunter. Um das RSS einer Webseite zu abonnieren, besuchen Sie die Webseite, tippen Sie auf das Lesezeichensymbol und wählen Sie "Zu freigegebenen Links hinzufügen" aus.

Der letzte Knopf sieht wie eine Box über einer zweiten transparenten Box aus.

Falls Sie einen Computer oder ein iPad verwenden, wissen Sie wahrscheinlich alles über Tabs. Apple hat beschlossen, in Safari keine Registerkarten zu verwenden. Registerkarten sind jedoch auf andere Weise in Form dieser Schaltfläche vorhanden. Sie können mehrere Fenster gleichzeitig öffnen. Wenn Sie darauf drücken, wird ein neues Fenster angezeigt. Es besteht auch die Möglichkeit, eine neue Seite zu öffnen.

Außerdem können Sie zwischen den bereits geöffneten Seiten wechseln. Wenn Sie auf das "x" klicken, wird eine von Ihnen geöffnete Seite geschlossen. Klicken Sie auf "Fertig", um zum normalen Surfen zurückzukehren.

Die iCloud-Option (die Cloud unten) ist etwas, auf das Sie achten sollten, wenn Sie ein anderes Apple-Gerät verwenden (z. B. ein iPad, einen iPod Touch oder einen Mac-Computer). Ihr Safari-Browsing wird automatisch synchronisiert. Wenn Sie also eine Seite auf Ihrem iPad durchsuchen, können Sie dort weitermachen, wo Sie auf Ihrem iPhone aufgehört haben.

Wenn Sie Ihr Telefon in den Querformatmodus versetzen (d. H. Seitwärts drehen), dreht sich auch der Browser, und Sie haben so die Möglichkeit, den Vollbildmodus zu verwenden. Der sieht so ähnlich wie vorher aus, aber es gibt jetzt einen "+" Knopf, mit dem Sie einen neuen Tab öffnen können.

Sie können in beiden Modi Registerkarten haben, aber im Vollbildmodus sehen Sie die Registerkarten oben.

Im Portraitmodus werden Registerkarten angezeigt, indem Sie auf die beiden transparenten Felder in der unteren rechten Ecke tippen.

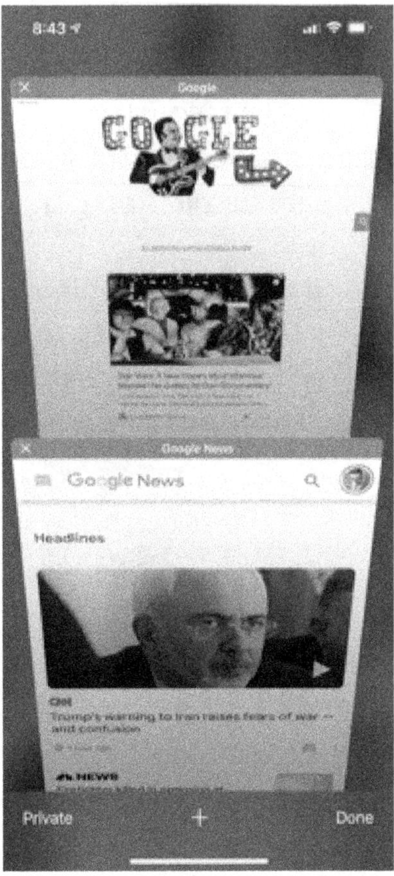

Falls Sie das Schließen von Tabs hassen, hat sich Ihr Leben mithilfe von iOS gerade verbessert. Alle Tabs werden nach einem festgelegten Zeitraum automatisch geschlossen.

Gehen Sie auf Einstellungen > Safari > Tabs schließen und wählen Sie aus, ob Sie dies manuell, nach einem Tag, nach einer Woche oder nach einem Monat tun können.

RICHTEN SIE IHRE BEVORZUGTE/N EMAIL/INTERNETBROWSER EIN

Einige Jahre lang konnten Sie andere E-Mail- und Webbrowser in iOS verwenden, aber nicht als Standard festlegen. Dies hat sich in iOS 14 geändert ... zumindest ein Bisschen. Sie können jetzt alternative Standardbrowser und E-Mail-Clients verwenden, die App muss jedoch aktualisiert werden.

Es liegt in der Verantwortung der Entwickler (nicht von Apple), die App zu aktualisieren, um diese Funktion nutzen zu können. Wenn Sie also versuchen, es mit den folgenden Schritten zu ändern, und Ihre bevorzugte App nicht angezeigt wird, liegt dies wahrscheinlich daran, dass entweder die App noch nicht aktualisiert wurde oder Sie die App noch nicht aktualisiert haben (gehen Sie auf App Speichern und stellen Sie sicher, dass es kein Update für die App gibt, das Sie verpasst haben).

Um Ihre bevorzugte App zu wechseln, rufen Sie die App Einstellungen auf. Tippen Sie als Nächstes auf die App, für die Sie die Standardeinstellung festlegen möchten (ich verwende den Chrome-Browser im folgenden Beispiel). Tippen Sie anschließend auf Standardbrowser.

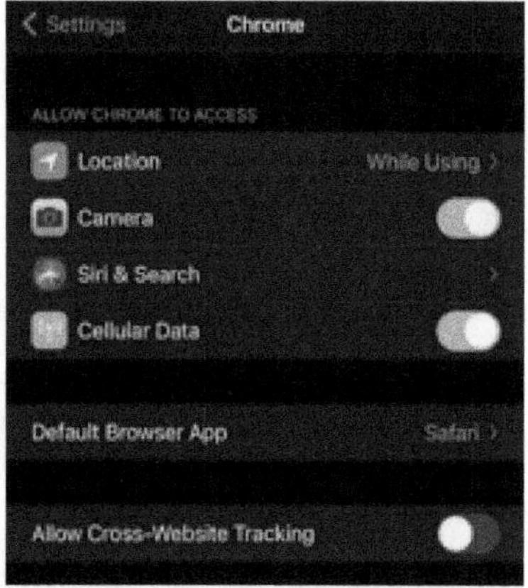

Entfernen Sie schließlich das Häkchen hinter Ihrem bevorzugten Browser. Dies wird dann automatisch gespeichert.

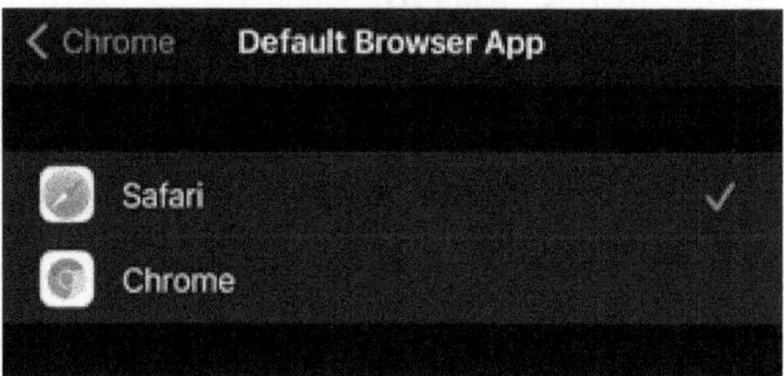

PRIVATSPHÄRE

Wenn Sie eine App verwenden, die entweder die Kamera oder das Mikrofon benutzt, wird neuerdings eine grüne Anzeige direkt über Ihrer Mobilfunk-Signalleiste angezeigt.

Kompromittiertes Passwort

Datenverletzungen sind heutzutage ziemlich häufig. Apple trägt seinen Teil dazu bei, transparent zu machen, wann diese auftreten, und hilft Ihnen dabei, die Lücke zu beheben, bevor sie zu einem echten Problem wird.   Gehen Sie zur Einstellungen App und scrollen Sie, bis Sie zu der Option „Passwörter" gelangen.

In diesem Bereich (der kennwortgeschützt ist) können Sie sich alle Ihre gespeicherten Kennwörter anzeigen lassen. Unter Sicherheitsempfehlungen können Sie jedoch auch feststellen, ob Ihr Kennwort möglicherweise kompromittiert ist. Ich sage möglicherweise, weil dies nicht bedeutet, dass Sie gehackt wurden. Es bedeutet nur, dass einige Daten von einem Unternehmen erfasst wurden und Sie stehen möglicherweise auf dieser Liste, weil Sie dort in der Vergangenheit ein Konto hatten.

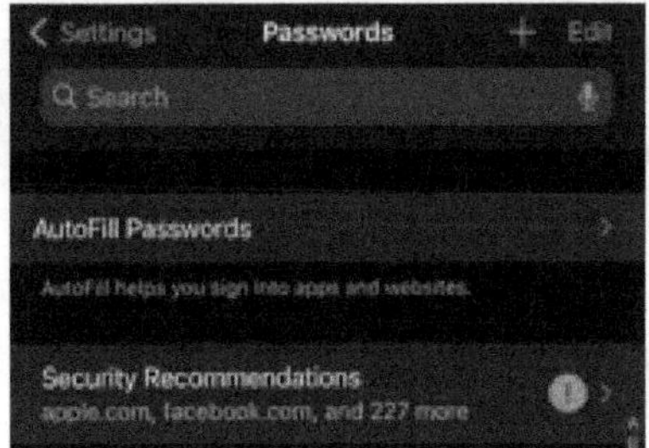

Wenn Sie auf Empfehlungen klicken, werden Sie nacheinander zu jedem möglichen Verstoß weitergeleitet und darüber informiert, warum jede Empfehlung abgegeben wurde. Im folgenden Beispiel heißt es,

Apple habe einen Verstoß erkannt und die Firma schlage vor, mein Passwort zu ändern.

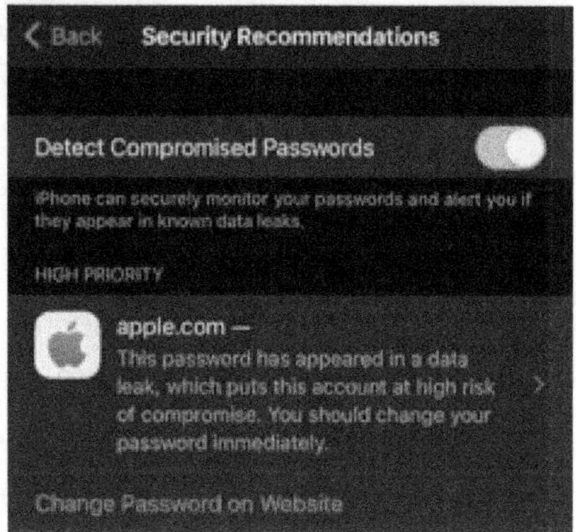

Ich kann auf „Das Passwort auf dieser Webseite ändern" tippen, um das Passwort zu ändern, oder ich kann auf die Nachricht klicken, um etwas mehr darüber zu lesen. Im folgenden Beispiel heißt es, dass ich auf einer anderen Webseite das gleiche Passwort verwendet habe. Daher sollte ich auch dieses Passwort ändern.

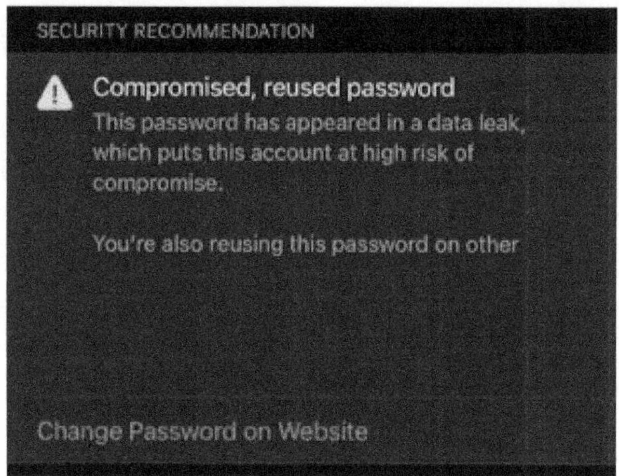

Bericht über die Privatsphäre

In Safari können Sie neben das AA Symbol tippen, um einen Bericht über Ihre Privatsphäre zu sehen.

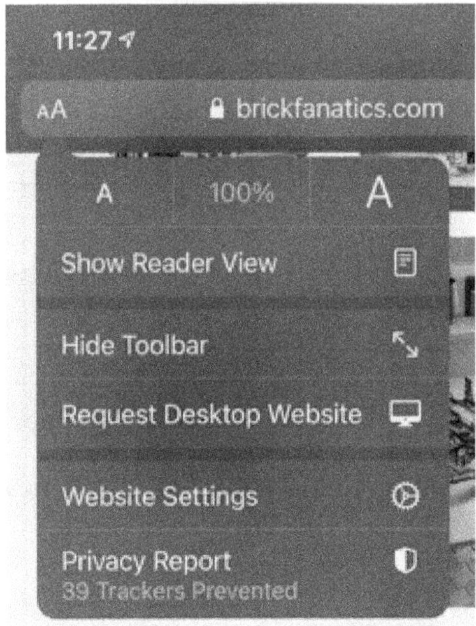

Der Datenschutzbericht informiert mich über Tracker, die versucht haben, mich zu verfolgen. Ein Tracker ist im Grunde ein kleiner Code, der in eine Website eingebettet ist, um zu verfolgen, was ich tue. Beispielsweise wird Facebook mitgeteilt, dass ich eine Webseite über Legos besucht habe. Daher sollten Inhalte, die mit Lego zu tun haben, geschaltet werden. Gruselig, oder?!

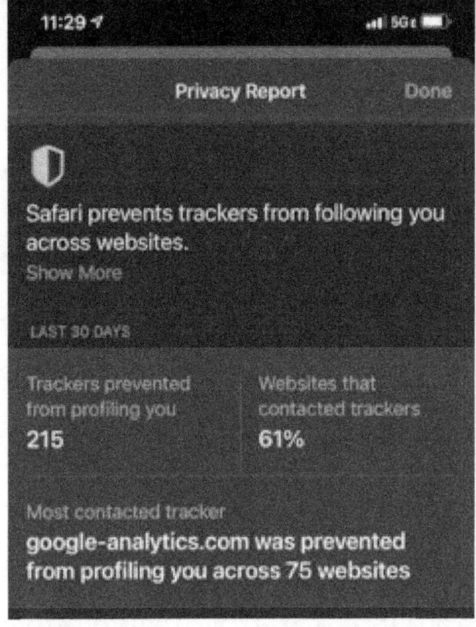

Standort teilen

In jeder App gibt es eine Reihe von Datenschutz-Tools die entscheiden, was sie sehen können und was nicht. Eines der häufigsten ist Ihr Standort. Im folgenden Beispiel bin ich zur App "Einstellungen" gegangen und habe dann "Karten" ausgewählt. Von hier aus tippe ich auf Standort.

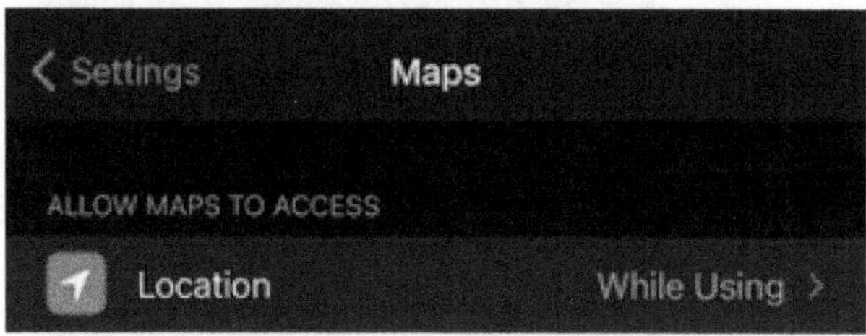

Da es sich um eine Karte handelt, möchte ich, dass sie meinen Standort kennt, aber ich kann auswählen, wann sie diesen Standort erfassen kann. Es gibt auch einen Schalter, mit dem Sie Ihren genauen Standort teilen können. Wenn Sie diesen deaktivieren, wird der App ungefähr angezeigt, wo Sie sich gerade befinden.

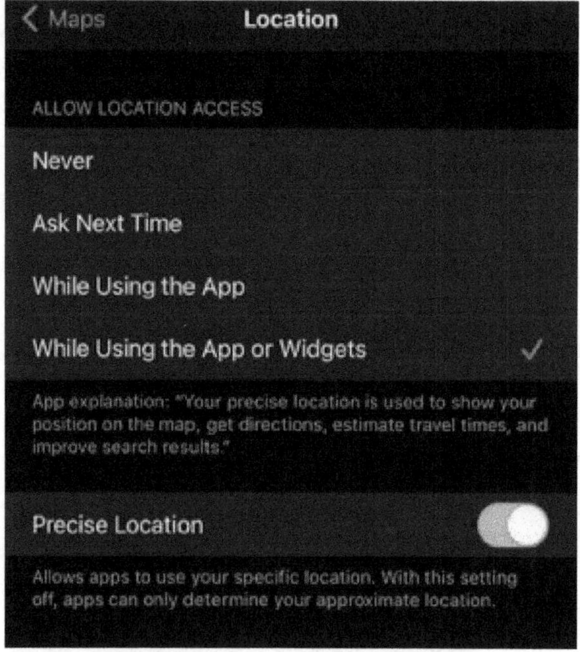

ITUNES

Die iTunes-App auf Ihrem Startbildschirm öffnet den größten digitalen Musikladen der Welt. Sie können nicht nur Musik kaufen und

herunterladen, sondern auch unzählige Filme, Fernsehsendungen, Hör-
bücher und mehr stehen zum Download bereit. Auf der iTunes-Start-
seite finden Sie auch einen Abschnitt zu den Themen "Was ist
angesagt", Musiksammlungen und Neuerscheinungen.

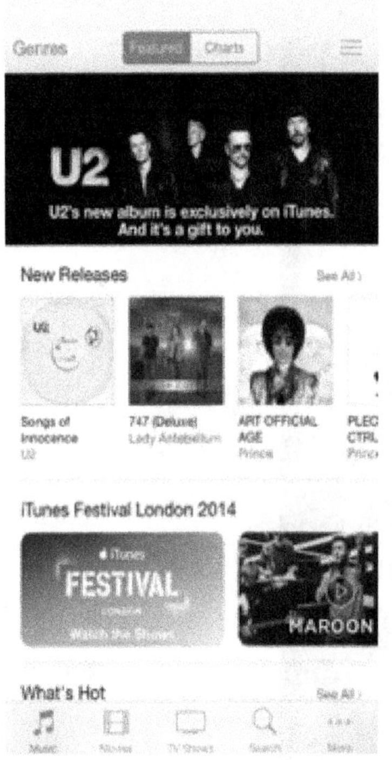

Oben sehen Sie die Option, um sich entweder gefeaturte Medien
anzeigen zu lassen oder die oberen Diagramme zu durchsuchen. In der
oberen linken Ecke befindet sich die Genre-Taste. Wenn Sie auf "Genres" klicken, werden viele verschiedene Arten von Musik angezeigt, um
Ihre Suche zu verfeinern.

APPS KAUFEN

Wie können Sie Apps kaufen, herunterladen und schließlich entfernen? Ich werde mir das in diesem Abschnitt ansehen.

So kaufen Sie Apps (und damit meine ich eigentlich nicht, dass Sie dafür bezahlen müssen, da Sie eine kostenlose App „kaufen" können, ohne dafür zu bezahlen):

Das erste, was Sie beim Öffnen des App Store sehen, ist der Heute-Bildschirm.

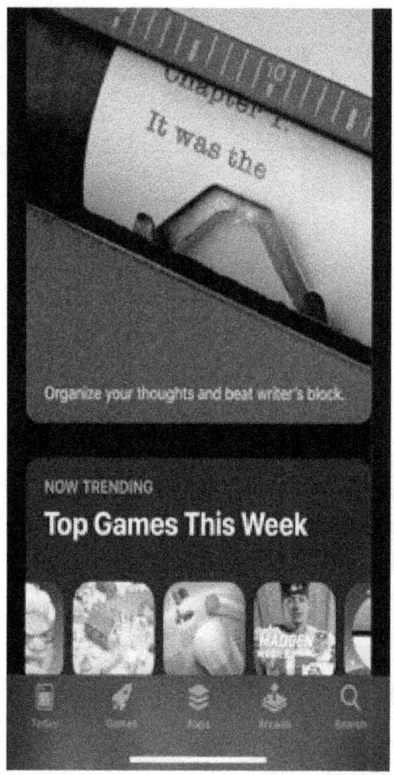

Dieser unterscheidet sich ein wenig von dem App Store, den Sie möglicherweise von älteren Betriebssystemen kennen. Apple hat ihm einen Magazin-Look ähnlichen verliehen, in dem Sie Apps in einer Reihenfolge entdecken, die auf von Redakteuren kuratierten Listen basiert.

Im unteren Bereich befinden sich Registerkarten zum Erkennen von Spielen, Apps, Arcade (einem neuen Apple-Dienst) und zum Suchen nach Apps. Wenn Sie die App-Kategorien anzeigen lassen möchten, gehen Sie auf Apps und scrollen Sie ein wenig. „Alle anzeigen" zeigt Ihnen alle Apps
.

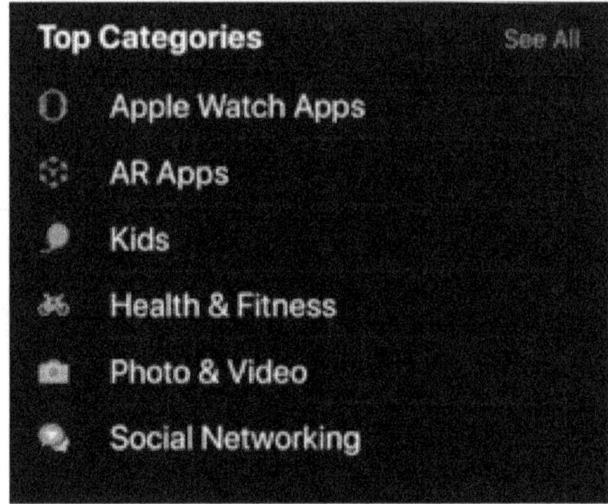

Um Apps zu aktualisieren, haben Sie auf die letzte Registerkarte getippt, auf der "Aktualisieren" angezeigt wird. Diese Option ist jetzt weg. Der einfachste Weg, Apps zu aktualisieren, besteht darin, die Option für die automatische Aktualisierung beim Set-Up zu aktivieren. Tippen Sie auf Ihr Avatar-Foto in der oberen rechten Ecke, um eine App manuell zu aktualisieren oder festzustellen, ob sie kürzlich aktualisiert wurde. Dadurch werden Ihre Kontoinformationen und verfügbaren Updates angezeigt (wenn "Öffnen" angezeigt wird, bedeutet dies, dass die App kürzlich aktualisiert wurden; wenn "Aktualisieren" angezeigt wird, bedeutet dies, dass ein Update verfügbar ist).

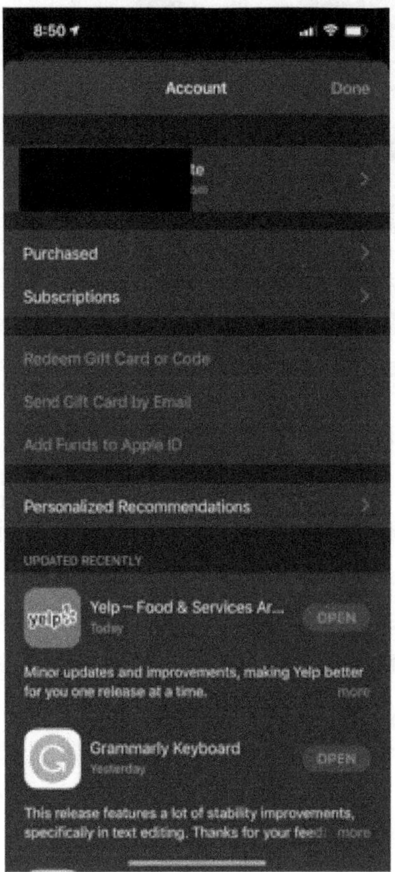

Wenn Sie eine App gekauft, sie aber versehentlich gelöscht oder Ihre Meinung zum Löschen geändert haben, machen Sie sich keine Sorgen! Sie können die App an derselben Stelle erneut herunterladen, an der Sie die Updates sehen. Tippen Sie einfach auf "Gekauft".

Wenn Sie auf den "Gekauft" Button tippen, werden zwei Optionen angezeigt: Eine zeigt alle Apps an, die Sie gekauft haben, und eine zeigt nur die Apps an, die Sie gekauft haben, aber nicht auf Ihrem Telefon besitzen. Tippen Sie auf die Schaltfläche "Nicht auf diesem iPhone", um alles kostenlos erneut herunterzuladen. Tippen Sie einfach auf die Cloud-Schaltfläche rechts auf dem Bildschirm. Sie können alles erneut herunterladen, selbst wenn Sie es auf einem anderen iPhone gekauft haben, solange es sich auf demselben Konto befindet.

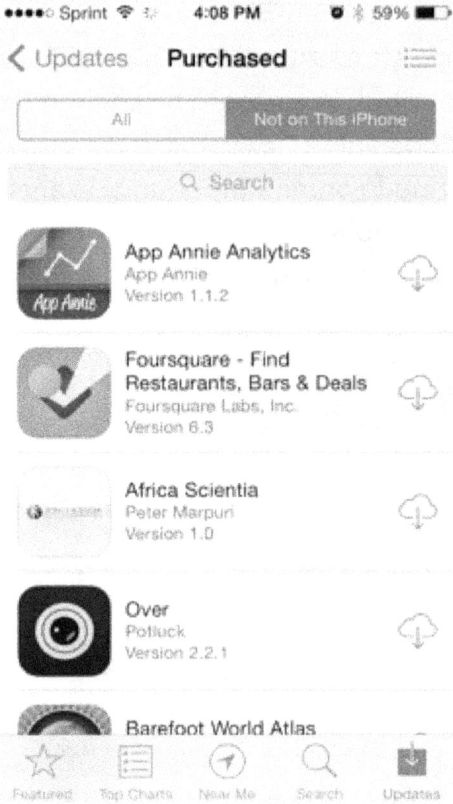

Das Löschen von Apps ist einfach; Tippen Sie auf Ihrem Startbildschirm auf das Symbol der App, die Sie entfernen möchten, und halten Sie dieses gedrückt. Tippen Sie anschließend auf das "x" oben in der App.

BILD-IN-BILD

Ich war so aufgeregt, als ich auf dem iPhone von Picture-in-Picture (Bild-in-Bild) hörte. Das gibt es schon eine Weile auf dem iPad und es ist eine großartige Funktion. Endlich kann ich Filme schauen, während ich im Internet surfe! Es ist, als hätte Apple gewusst, dass ich oft einen Schauspieler auf Wikipedia nachschlagen möchte, während ich einen Film schaue, oder?

Um es zu verwenden, lassen Sie Ihr Video einfach im Vollbildmodus laufen und wischen Sie dann von unten nach oben. Das lässt das Video herausspringen. Dies funktioniert auch, bei der Nutzung von Facetime. Sie können also im Internet suchen oder ein Spiel spielen, während Sie FaceTime benutzen, um sich mit jemandem zu unterhalten. Sehr persönlich, nicht wahr?!

Das Problem mit Picture-in-Picture ist, dass es nicht immer vollständig unterstützt wird. Als es zum Beispiel gerade erst herauskam, war YouTube nicht kompatibel. Youtube! So schauen sich die meisten von uns heutzutage Videos an!

Es gibt jedoch eine Problemumgehung. Während Picture-in-Picture miteinigen Videostreamplattformen nicht kompatibel ist, ist es immer mit Safari kompatibel. Sehen Sie das Beispiel unten? Das Video wird in Safari abgespielt.

Wenn ich das Video im Vollbildmodus abspielen lasse und dann von unten nach oben wische, wird es im PiP Modus angezeigt. Wenn ich dieses Video in einer nativen App (wie YouTube) ansehen würde, würde es möglicherweise nicht unterstützt. Das ist keine perfekte Lösung, aber es ist eine temporäre Problemumgehung, bis mehr Apps den Modus unterstützen.

- "The president is the guy doing this. It's not any of his advisors. It's the president, and so nobody knows what's really going to happen," Cramer added.

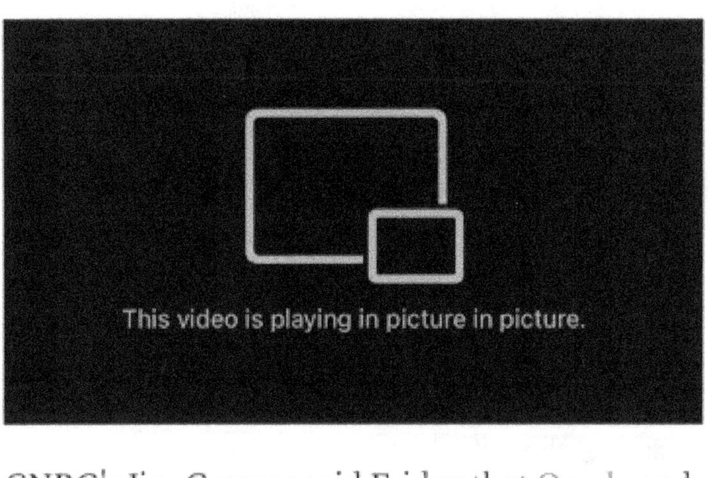

KALENDER

Unter den anderen vorinstallierten Apps, die mit Ihrem neuen iPhone geliefert wurden, ist der Kalender möglicherweise eine der am häufigsten verwendeten Apps. Sie können zwischen der Anzeige von Terminen, Aufgaben oder allem, was in einer Tages-, Wochen- oder Monatsansicht angeordnet ist, hin- und her springen. Drehen Sie Ihr Handy auf die Seite und Sie werden feststellen, dass alles in den Querformatmodus wechselt. Als Neuheit für das iPhone nutzen viele neue Apps jetzt die 1080p-Auflösung des größeren iPhones, indem sie mehr Informationen gleichzeitig anzeigen, das ist in der Aufteilung ähnlich wie beim iPad und iPad Mini-Display. Kombinieren Sie Ihren Kalender mit E-Mail-Konten oder iCloud, um Ihre Termine und Aufgaben auf all Ihren Geräten zu synchronisieren und nie mehr Termine zu verpassen.

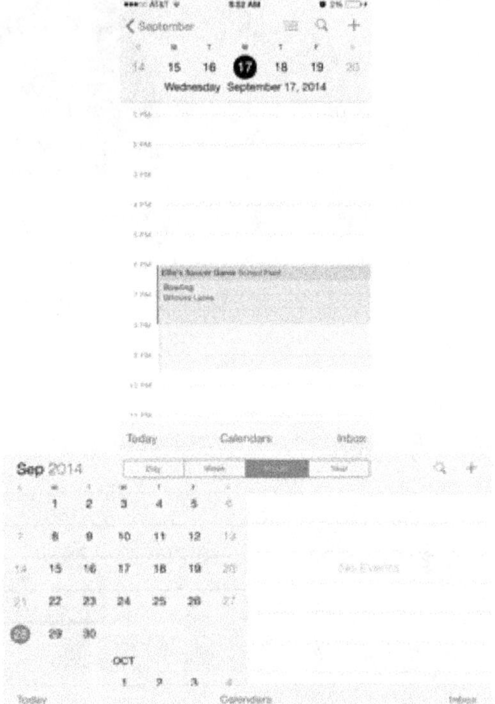

Einen Termin ausmachen

Klicken Sie auf dem Startbildschirm auf das Kalendersymbol, um einen Termin zu erstellen. Klicken Sie auf den Tag, für den Sie den Termin festlegen möchten, und tippen Sie anschließend in der Ecke auf die Schaltfläche "+". Hier können Sie Ihr Ereignis benennen und bearbeiten, sowie es mit einem E-Mail- oder iCloud-Konto verbinden, um die Synchronisierung zu ermöglichen.

Achten Sie beim Bearbeiten Ihrer Veranstaltung besonders auf die Dauer Ihrer Veranstaltung. Wählen Sie die Start- und Endzeiten aus oder wählen Sie "Ganztägig", wenn es sich um ein ganztägiges Ereignis handelt. Sie haben auch die Möglichkeit, es als wiederkehrendes Ereignis festzulegen, indem Sie auf „Wiederholen" klicken und auswählen, wie oft es wiederholt werden soll. Im Fall einer Rechnung oder einer Autozahlung können Sie beispielsweise entweder Monatlich (an diesem Tag) oder alle 30 Tage auswählen, das sind zwei verschiedene Dinge. Nachdem Sie eine Wiederholung ausgewählt haben, können Sie außerdem festlegen, wie lange genau dieses Ereignis wiederholt werden soll: für nur einen Monat, ein Jahr, für immer und alles dazwischen.

Mit einer kürzlich durchgeführten Aktualisierung des Kalenders können Sie jetzt Anhänge zu Ihren Terminen hinzufügen. Sie können einen Anhang hinzufügen, indem Sie unten auf dem "Neues Ereignis" Bildschirm die Option "Anhang hinzufügen" auswählen.

WETTER

Sie können die Ortungsdienste und das GPS Ihres iPhones verwenden, um zu Ihren Zielen zu finden. Andere Apps können jedoch auch verwendet werden, um lokalisierte Informationen anzuzeigen. Die Wetter-App ist ein gutes Beispiel dafür. Wenn Sie diese öffnen, werden Ihnen sofort grundlegende Wetterinformationen angezeigt, die auf Ihrem aktuellen Standort basiert sind. Um detailliertere Informationen zu erhalten, können Sie im mittleren Bereich nach links und rechts wischen, um durch die Stundenvorhersage zu scrollen, und im unteren Bereich nach oben und unten wischen, um durch die 10-Tage-Prognose zu scrollen.

Sie können weitere Städte hinzufügen, indem Sie auf das Listensymbol unten rechts klicken und nach dem Namen der Stadt suchen. Sobald Sie Städte hinzugefügt haben, können Sie zwischen den Städten blättern, um sich für jeden Ort Echtzeit-Wetterinformationen anzeigen zu lassen, indem Sie nach links oder rechts wischen. Die Anzahl der Städte, die Sie hinzugefügt haben, wird unten in Form kleiner Punkte angezeigt.

MAPS

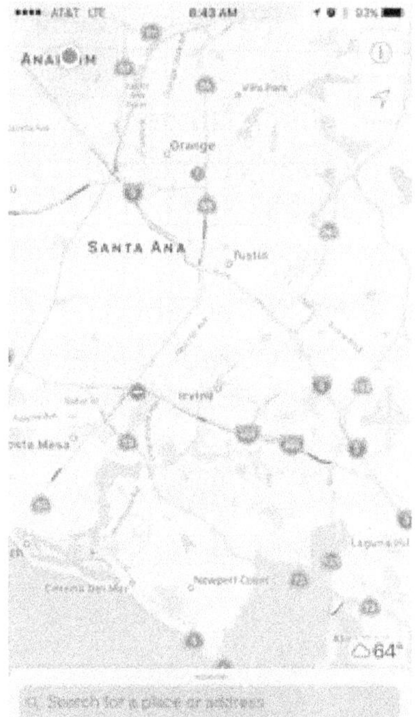

Die Maps App ist zurück und besser als je zuvor. Nachdem sich Apple vor einigen Jahren von Google Maps getrennt hatte, beschloss Apple, ein eigenes Karten- und Navigationssystem für das iPhone zu entwickeln. Das Ergebnis ist ein wunderschöner Reiseführer, der die neuesten iPhone-Auflösungskapazitäten voll ausnutzt. Im Vollbildmodus kann jede Ecke des Telefons mit der App gefüllt werden, und es gibt einen automatischen Nachtmodus. Sie können jederzeit nach Orten, Restaurants, Tankstellen, Konzertsälen und anderen Veranstaltungsorten in Ihrer Nähe suchen. Die Turn-by-Turn-Navigation ist zum Gehen, Radfahren, Autofahren oder Pendeln geeignet. Der Verkehr wird in Echtzeit aktualisiert angezeigt. Wenn sich also ein Unfall vor Ihnen ereignet oder gerade Bauarbeiten durchgeführt werden, bietet Maps eine schnellere alternative Route an und warnt Sie vor einem möglichen Stau.

Die Turn-by-Turn-Navigation ist leicht zu verstehen ohne abzulenken, und die 3D-Ansicht macht potenziell verwirrende Szenarien (wie abrupt auftretende Autobahnausfahrten) viel angenehmer. Die

Möglichkeit, Autobahnen und mautpflichtige Straßen vollständig zu vermeiden, ist ein weiteres praktisches Merkmal.

Tippen Sie zum Einrichten der Navigation auf das Kartensymbol. Am unteren Bildschirmrand wird nach einem Ort oder einer Adresse gesucht. Für Privathaushalte benötigen Sie eine Adresse, aber für Unternehmen braucht es nur einen Namen. Klicken Sie darauf und geben Sie Ihr Ziel ein, sobald Sie dazu aufgefordert werden.

Wenn Sie die Ziel Adresse gefunden haben, klicken Sie auf "Route" und wählen Sie zwischen der Wegbeschreibung für das Laufen oder Fahren. Bei der Eingabe von Unternehmen haben Sie die Möglichkeit, Bewertungen zu lesen und das Unternehmen direkt anzurufen.

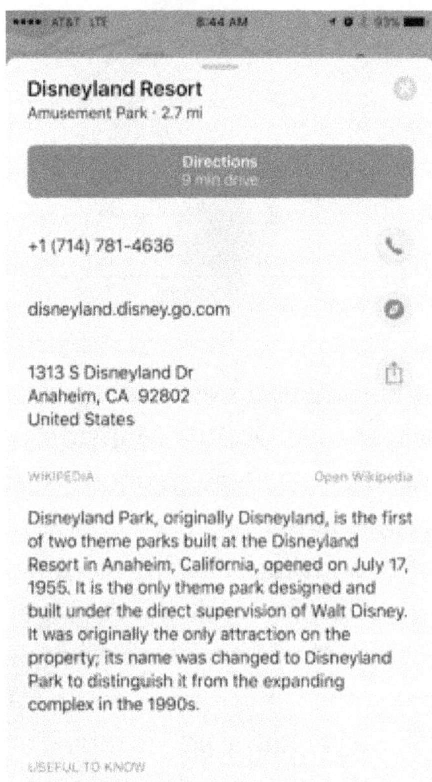

Halten Sie für die Benutzung der Freisprechnavigation die Seitentaste gedrückt, um Siri zu aktivieren (dies wird im nächsten Abschnitt erläutert) und sagen Sie "Navigieren zu ..." oder "Bring mich zu ...", gefolgt von der Adresse oder dem Namen des Standorts, den Sie finden wollen.

Wenn Sie Autobahnen oder Mautgebühren vermeiden wollen, gehen Sie einfach auf "Weitere Optionen" und wählen Sie Ihre Präferenzen aus.

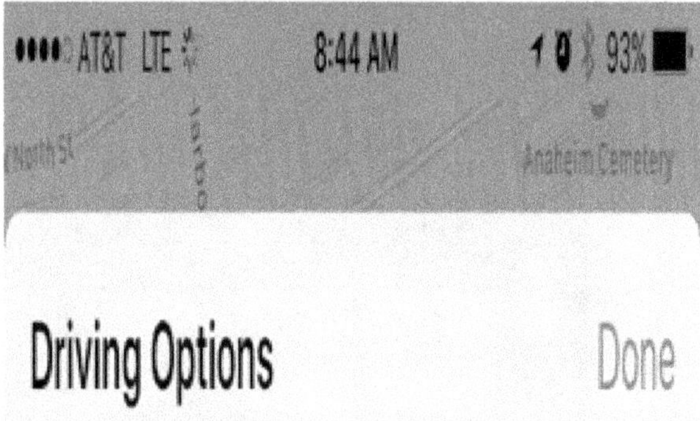

Mit Apple Maps können Sie auch eine 3D-Ansicht von Tausenden von Standorten genießen. Tippen Sie auf das 'i' in der oberen rechten Ecke, um diese Option zu nutzen. Wählen Sie danach die Satellitenansicht.

Wenn die 3D-Ansicht verfügbar ist, werden Sie sofort eine Änderung bemerken. Sie können Ihre Karte mit zwei Fingern mehr oder weniger flach machen. Sie können alternativ auch 2D auswählen, um 3D vollständig zu entfernen.

Wechseln Sie wieder zu der normalen Karte, wo Sie eine kleine Lupe in der oberen rechten Ecke sehen werden.

Google hat Street View, Apple Maps hat jetzt einen Konkurrenten namens Look Around (Hinweis, Sie müssen ein wenig zoomen, um diesen zu sehen). Sie werden diese Option noch nicht in jeder Stadt benutzen können, aber Sie werden dazu wahrscheinlich bald in der Lage sein. Wenn Sie sich umschauen, können Sie die Lupe an eine beliebige Stelle ziehen, um eine Streetview ähnliche Ansicht zu genießen.

Wenn Sie in die Suchleiste Tippen, werden Sie zwei weitere neuere Bereiche bemerken:

- Favoriten—dies sind einfach nur Orte, an die Sie viel gehen.
- Sammlungen: Hier können Sie mehrere Standorte erstellen und diese gruppieren. So planen Sie beispielsweise eine Reise durch Europa. Sie können eine Liste aller Orte erstellen, die Sie in einer Sammlung sehen möchten, und zu ihnen springen, wenn Sie in der Stadt sind.

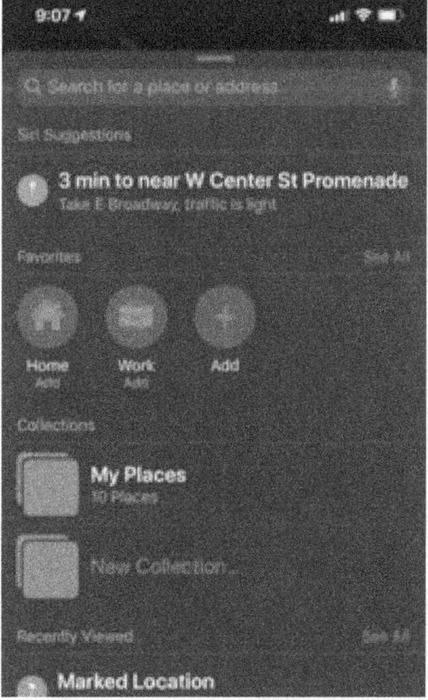

Wegbeschreibung

Maps hat mehrere Hilfsmöglichkeiten, sollten Sie eine Wegbeschreibung benötigen: Auto, Fußweg, öffentliche Verkehrsmittel, Fahrrad oder Mitfahrgelegenheit.

Die Weganweisung wird Ihrem bevorzugten Verkehrsmittel angepasst; wenn Sie beispielsweise Radfahren wählen, ändert sich die Reisezeitangabe und Ihnen wird möglicherweise ein Pfad angezeigt, auf dem keine Autos fahren dürfen.

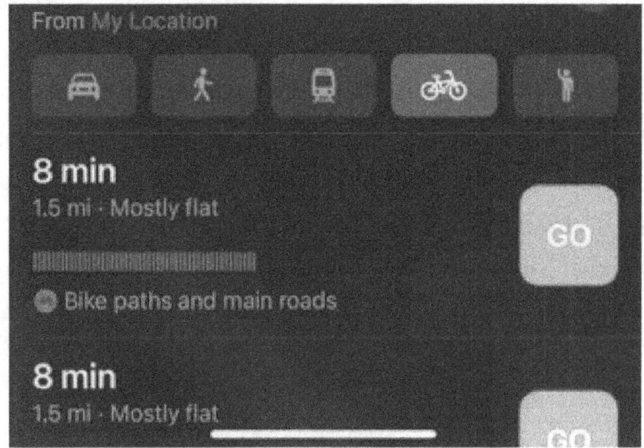

Kartenführer

Es gibt die Kartenführer nur für größere Städte. Wenn Sie auf der Karte nach einer Stadt suchen, können Sie die Informationen direkt unter der Navigationsschaltfläche sehen. Sie können den Reiseführer auch mit anderen teilen oder ihn speichern.

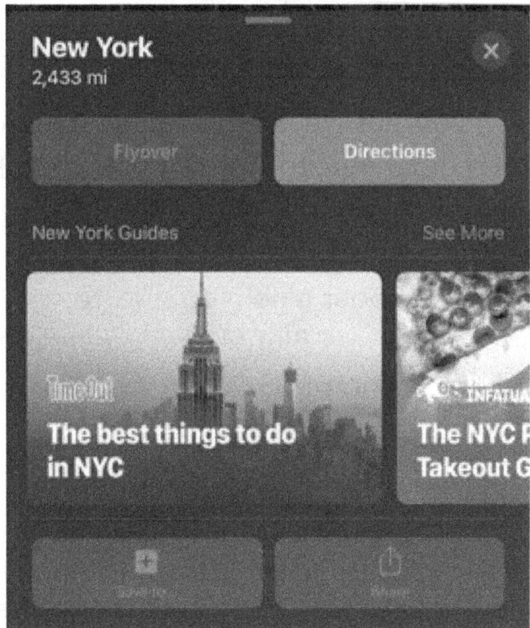

Wenn Sie auf die Reiseführer kucken, werden Ihnen auf der Karte Empfehlungen angezeigt, die Sie für den späteren Gebrauch speichern können.

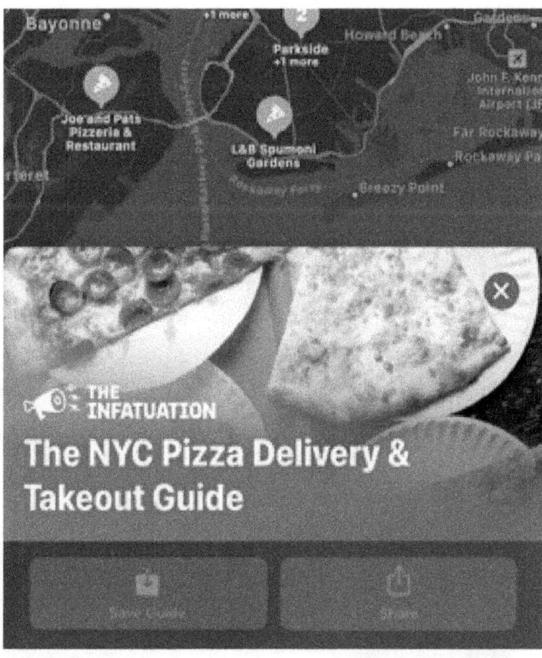

GESUNDHEIT

Die Veröffentlichung der neuesten iPhone-Modelle brachte einen viel stärkeren Fokus auf die eigene Gesundheit mit sich. Daher sind die neuen iPhones mit der Health-App ausgestattet. Die Gesundheits-App verfolgt viele verschiedene Dinge, die Ihre Gesundheit betreffen, einschließlich des Kalorienverbrauchs, Gewichts, der Herzfrequenz, der Körpermasse und bietet sogar eine Notfallkarte, mit der Sie wichtige Gesundheitsinformationen wie Blutgruppe und Allergien für den Fall eines Notfalls speichern können. iOS 13 hat auch einen Fahrrad-Tracker hinzugefügt.

FINDE MEIN GERÄT

Aufgepasst, wenn Sie in früheren Betriebssystemen "Mein Telefon suchen" oder "Meinen Freund suchen" verwendet haben: Die Funktionen sind weg! Mit diesen beiden leistungsstarken Apps konnten Sie sehen, wo sich Ihre Freunde auf einer Karte befanden oder wo Ihre Geräte auf einer Karte waren.

Es ist im Wesentlichen dieselbe App mit einem anderen Zweck. Anstatt beide zu behalten, hat Apple beschlossen, sie zu löschen und in einer App namens Find My zu kombinieren.

Die App funktioniert recht einfach. Es gibt drei Taps ganz unten, einen, um Ihre Freunde zu finden (also Menschen), einen, um Ihre Geräte zu finden, und einen, um die Einstellungen zu ändern.

Wenn Sie sehen möchten, wo sich Ihr Freund befindet, bitten Sie ihn, seinen Standort im Bereich Personen mit Ihnen zu teilen.

Es ist nicht sehr hilfreich, eine App zu besitzen, die Ihr iPhone finden kann, wenn Sie Ihr iPhone nicht zur Hand haben. In diesem Fall können Sie alternativ Ihren Computerbrowser verwenden, um Find My auf iCloud.com anzuzeigen.

ERINNERUNGEN

Die Erinnerungen App ist seit langer Zeit auf iOS verfügbar. In iOS 13 erhielt die App jedoch ein Facelifting. Das Erstellen von Listen ist jetzt visueller, intuitiver und das Teilen und Zusammenarbeiten ist einfacher geworden.   Tippen Sie zunächst auf das Symbol Erinnerungen.

Das Erstellen einer Liste ist sehr einfach. Tippen Sie auf Liste hinzufügen, in der unteren rechten Ecke Ihres Bildschirms.

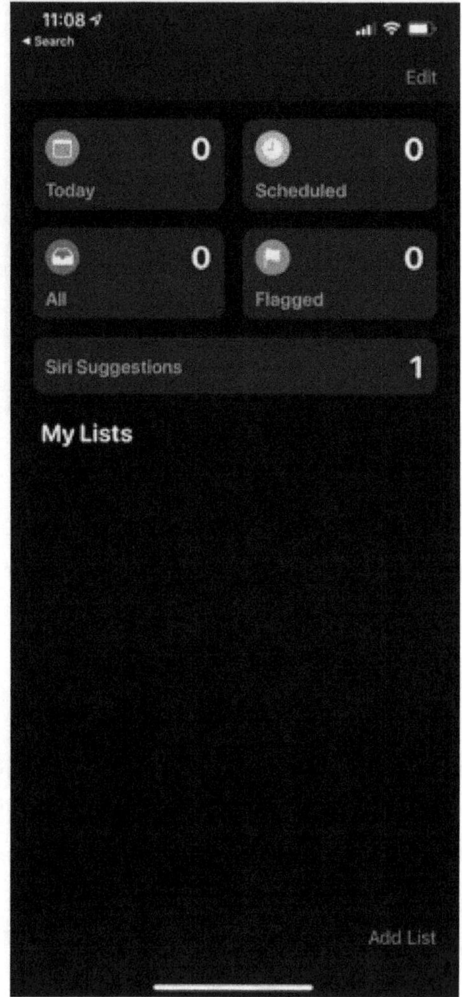

Sobald Sie eine Liste erstellt haben, können Sie die Farbe des Symbols, das die Liste darstellt, ändern und die Liste umbenennen. Tippen Sie auf Fertig, um alles zu speichern.

Sobald Sie Ihre erste Liste erstellt haben, können Sie diese hinzufügen, indem Sie in der unteren linken Ecke des Bildschirms auf Erinnerungen hinzufügen tippen.

Tippen Sie auf Ihrer Tastatur auf Zurück, um ein weiteres Element hinzuzufügen, oder auf Fertig, wenn Sie alles hinzugefügt haben (Sie können später weiteres dazu tun).

Sie können jederzeit auf ⓘ tippen, um mehr Details hinzuzufügen (Wie etwa ein Enddatum oder sogar einen Ort, an welchem Sie erinnert werden wollen—Sie könnten also zum Beispiel eine Erinnerung an eine Liste einstellen, wenn Sie am Supermarkt ankommen).

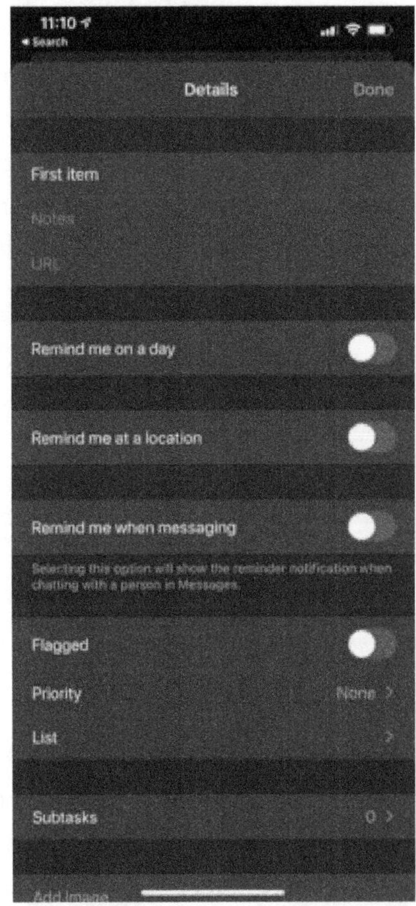

Durch das Tippen auf die drei Punkte in der oberen rechten Ecke werden zusätzliche Listenoptionen angezeigt. Sie können nicht nur Dinge wie den Namen ändern, sondern auch Personen zur Liste hinzufügen, damit diese zusammenarbeiten und eigene Dinge hinzufügen können.

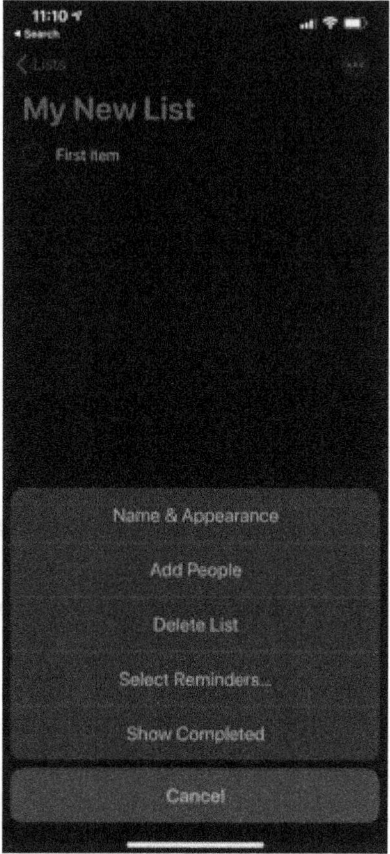

Wischen Sie zum Entfernen oder Markieren eines Listenelements einfach nach links über das Symbol.

Wenn Sie im vorherigen Bildschirm zur Liste wischen, können Sie eine Liste vollständig löschen.

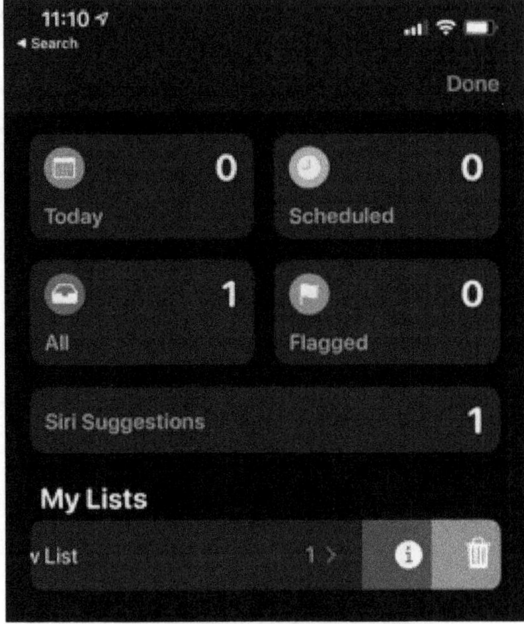

Im Hauptlistenmenü können Sie in der oberen rechten Ecke Bearbeiten auswählen und die Reihenfolge Ihrer Listen manipulieren.

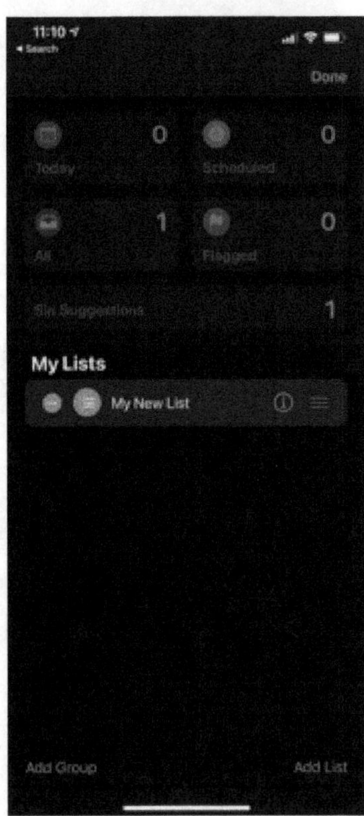

In diesem Bearbeitungsmodus können Sie auch Gruppe hinzufügen, auswählen und verschiedene Listen zusammen gruppieren.

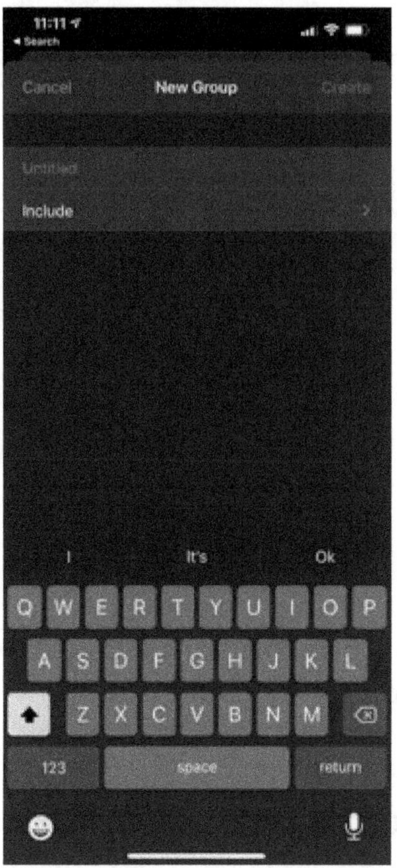

HOME

Die Home-App integriert HomeKit in iOS, damit Sie alle Ihre Haushaltsgeräte und Dienstprogramme wie beispielsweise Leuchten, Thermostate, Kühlschränke und mehr besser integrieren können. HomeKit verwendet Siri, um alle Ihre Smart-Home-Geräte zu steuern. Dies ist ein sehr praktisches Werkzeug. Die Home-Benutzeroberfläche ermöglicht ein viel saubereres und unkomplizierteres Erlebnis. Um Ihr Smart Home-Gerät zu Home hinzuzufügen, stellen Sie sich einfach mit eingeschaltetem Gerät und aktivierter Home-App daneben. Sie können auch Ihren Apple TV der 4. Generation verwenden, um HomeKit-fähige Smart Home-Geräte zu steuern. Der HomePod ist eine weitere Funktion, die hier untergebracht ist.

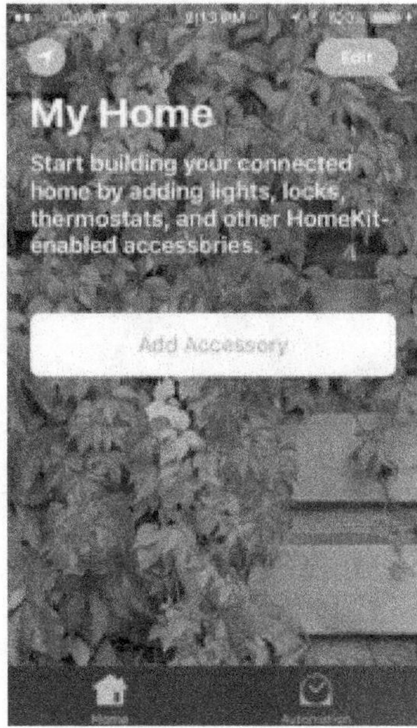

ARKIT

Beim iPhone dreht sich alles um die Erweitere Realität oder (Augmented Reality). Apple sieht hier die Zukunft. Viele neue Apps unterstützen AR.

New Feature Alert: ARKit für iOS 12 hat ein neues Messwerkzeug eingeführt. Das gibt es in iOS 14 immer noch. Öffnen Sie die Messwerkzeug App, um das neue Tool zu benutzen. Halten Sie Ihre Kamera über eine rechteckige Option und sehen Sie zu, wie sich darüber automatisch eine Box formt.

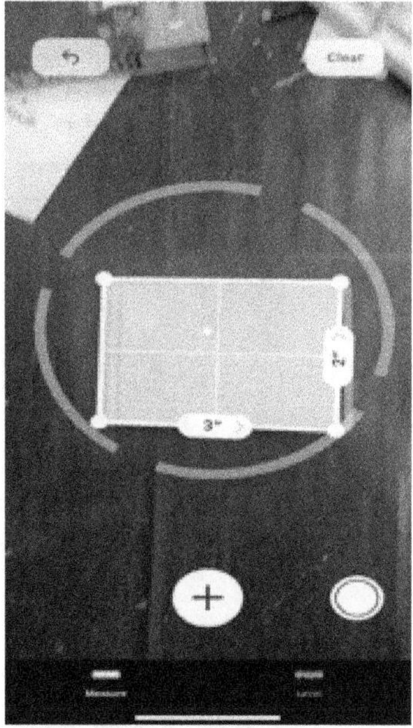

Die App sagt Ihnen dann zum Beispiel, wie lang etwas ist und erlaubt Ihnen außerdem, Punkte hinzuzufügen, sodass Sie es auch noch messen können.

APPLE ÜBERSETZER

Google ist der Pionier der Idee, etwas, das in Echtzeit gesagt wird, sofort zu übersetzen, aber Apple versucht nun, diese Funktion zu verbessern.

Apples Übersetzer App ist bei iOS 14 hinzugefügt worden, es gibt hier Dutzende von Sprachen und Dialekten, die mit eingebaut sind. Sie können sogar Wörterbücher herunterladen, damit Sie auch ohne Internetempfang weiter übersetzen können.

Wenn Sie Google Translate verwendet haben, sieht die Benutzeroberfläche wahrscheinlich ähnlich aus. Tippen Sie auf das Mikrofon und beginnen Sie zu sprechen. Die Sprache wird automatisch erkannt.

Wenn Sie also in einem Geschäft sind und eine andere Sprache sprechen, halten Sie die App hoch und drücken Sie auf das Mikrofon. Das ist alles.

Falls Sie entweder die Sprache auswählen möchten, in die das Gesprochene übersetzt werden soll, oder die Sprache, die gesprochen wird, tippen Sie einfach auf diese Sprache in den Optionen. Daraufhin wird eine Liste der verfügbaren Sprachen angezeigt. Tippen Sie auf das gewünschte Symbol. Sie können auch auf das Symbol mit dem eingekreisten Abwärtspfeil tippen, um die Sprache herunterzuladen. Wenn diese nicht richtig heruntergeladen wird, wird das Gesprochene über W-Lan oder mobile Daten übersetzt. Es ist wie bei Siri - Siri sendet alles an einen Computer in der Cloud, der es übersetzt, und es dann zurückschickt. Alles dauert nur wenige Sekunden.

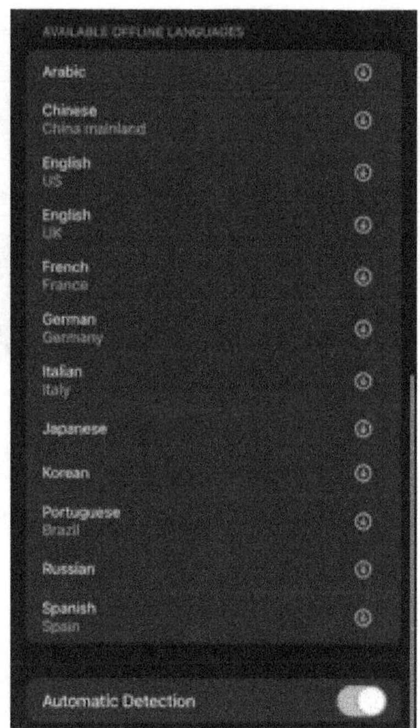

App Clips

App-Clips ähneln Mini-Apps - oder Lite-Versionen von Voll-Apps. Der Vorteil davon ist, dass Sie die App nicht herunterladen müssen, um sie zu verwenden. Denken Sie an die Zeiten, in denen Sie in einem Restaurant waren oder für das Parken mit Parkuhren bezahlt haben und eine App benötigten, um die Transaktion durchzuführen. Sie wissen, dass Sie die App nie wieder verwenden werden, müssen sie jedoch trotzdem herunterladen. Ärgerlich, oder? Hier hilft ein App-Clip. So funktioniert es: Sie können neuerdings einfach einen QR-Code scannen. Wird dieser unterstützt, wird ein App-Clip gestartet. Das "Wird er unterstützt" sollte hier fett gedruckt sein. Es ist eine großartige Funktion, funktioniert aber nicht überall dort, wo Sie einen QR-Code sehen.

Lupe

Die Lupenapplikation kann über die Einstellungen App ein und ausgeschaltet werden, tippen Sie darin auf Benutzbarkeit < Lupe.

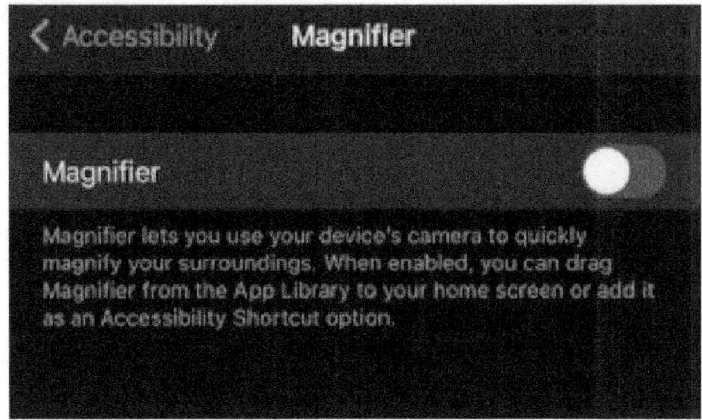

Die App geht auf Ihre App Bibliothek und von dort können Sie die Applikation auf den Ort auf Ihrem Hintergrund schieben, auf dem Sie sie wollen.

Wenn Sie die App öffnen, funktioniert sie ein wenig wie eine Kamera (Sie können sogar den Auslöser verwenden, um ein Bild von dem zu machen, was Sie sich ansehen). Sie können den Kontrast, die Belichtung und vieles mehr anpassen, um die Sichtbarkeit zu verbessern.

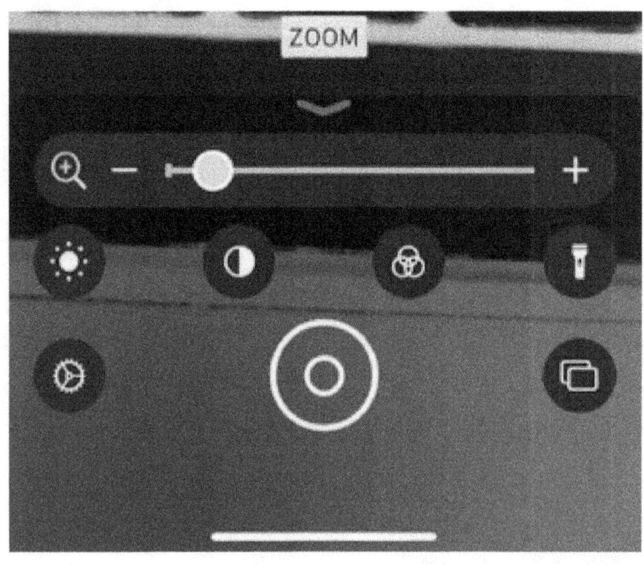

[5]

MACHEN SIE ES ZU IHREM GERÄT

Dieses Kapitel beschreibt:
- Bildschirmnutzungszeit
- Nicht-Stören-Modus
- Benachrichtigungen und Widgets
- Allgemeine Einstellungen
- Töne
- Personalisierung von Helligkeit und Hintergrund
- Facebook, Twitter und Flickr Konten hinzufügen
- Mit der Familie teilen
- Kontinuität und Weiterleiten

Jetzt, da Sie sich genauer auskennen, wird es Zeit, sich die Einstellungen genauer anzusehen und Ihr Handy ganz auf Ihre Bedürfnisse einzustellen!

Ich werde mich für den Großteil dieses Kapitels auf den Einstellungsbereich beziehen, wenn Sie sich nicht schon dort befinden, tippen Sie bitte auf Ihrem Home Bildschirm auf Einstellungen.

Um Ihre Bildschirmnutzung anzusehen, gehen Sie auf Einstellungen > Bildschirmnutzung.

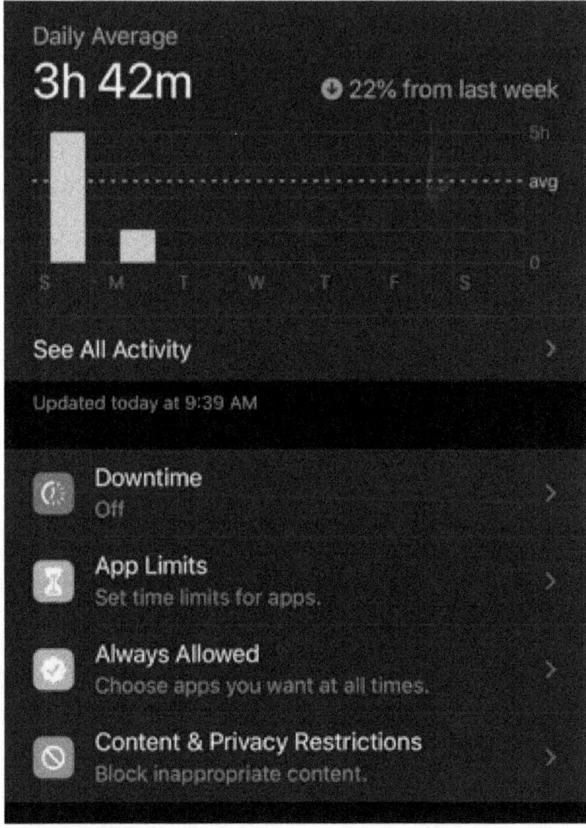

Sie können auf eine beliebige App klicken, um zu sehen, wie viel Zeit Sie damit verbracht haben und wie hoch Ihr Durchschnitt ist. Von hier aus können Sie dementsprechend auch Grenzen hinzufügen.

NICHT-STÖREN-MODUS

Der Modus „Nicht stören" ist eine praktische Funktion, die sich oben in Ihrer Einstellungs-App befindet. Wenn dieser Modus einge-schaltet ist, erhalten Sie keine Benachrichtigungen und alle Ihre Anrufe werden stummgeschaltet. Dies ist ein nützlicher Trick für Zeiten, in de-nen Sie es sich nicht leisten können, abgelenkt zu werden (und seien wir ehrlich, Ihr iPhone ist so kommunikativ wie es nur geht, und manch-mal brauchen Sie etwas Ruhe!). Die Weckfunktion funktioniert aber wei-terhin.

Um den Modus zu aktivieren, zu planen und anzupassen, tippen Sie einfach in den Einstellungen auf „Nicht stören". Sie können automatische Zeiten festlegen, um diese Funktion zu aktivieren, wie beispielsweise Ihre Arbeitszeit. Sie können auch bestimmte Anrufer angeben, die zugelassen werden sollen, wenn Ihr Telefon auf Nicht stören eingestellt ist. Auf diese Weise kann Ihre Mutter immer noch durchkommen, aber Sie müssen nicht jede eingehende E-Mail ankommen hören. Dazu müssen Sie nur den Befehl Anruf zulassen in den „Nicht stören" Einstellungen auswählen. Der Modus kann alternativ auch über das Kontrollzentrum erreicht werden (Wischen Sie von der oberen rechten Ecke des Bildschirms aus nach unten, um ihn jederzeit zu benutzen).

BENACHRICHTIGUNGEN UND WIDGETS

Die Benachrichtigungen sind eine der nützlichsten Funktionen auf dem iPhone, aber es ist sehr wahrscheinlich, dass Sie nicht über jedes kleinste Event, das automatisiert eingestellt ist, in Ihren Benachrichtigungen informiert werden. Um die Benachrichtigungseinstellungen anzupassen, gehen Sie auf Einstellungen> Benachrichtigungen.

Durch das Tippen auf die App können Sie Benachrichtigungen deaktivieren oder aktivieren und die Art der Benachrichtigung für jede App verfeinern. Sie sollten diese Liste auf die Apps zu beschränken, über die Sie wirklich benachrichtigt werden möchten. Wenn Sie beispielsweise kein Investor sind, sollten Sie die Aktien deaktivieren! Wenn Sie die Anzahl der Geräusche reduzieren, die Ihr iPhone macht, können Sie auch die telefonbedingte Verwirrung reduzieren. Es könnte zum Beispiel in der Mail App so sein, dass Ihr Telefon mit einem Ton signalisiert, wenn Sie jemand von der VIP Liste anruft, aber weniger wichtige E-Mails nur mit kleinen Kennzeichen und Symbolen versehen werden.

ALLGEMEINE EINSTELLUNGEN

Der Menüpunkt „Allgemein" hat einen kleinen Haken. Hier finden Sie Informationen zu Ihrem iPhone, einschließlich der aktuellen Version von iOS und aller verfügbaren Software-Updates. Glücklicherweise läutet iOS eine Ära kleinerer, effizienterer Updates ein, sodass Sie nicht versuchen müssen, Apps zu löschen, um Platz für die neuesten Verbesserungen zu schaffen.

Hier finden Sie auch die Eingabehilfen. Mit Zoom, VoiceOver, großem Text, Farbanpassung und vielem mehr können Sie Ihr iPhone nach Ihren Wünschen einstellen. Es gibt eine Reihe von Eingabehilfen, mit denen iOS für jedermann einfach zu bedienen ist, einschließlich Graustufenansicht und verbesserter Zoomoptionen.

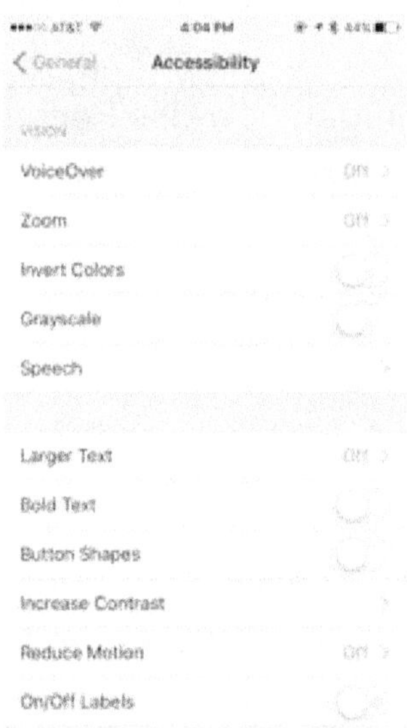

Eine praktische, etwas getarnte Eingabehilfenoption ist die Assistive Touch-Einstellung. Auf diese Weise erhalten Sie ein Menü, mit dem Sie auf Funktionen auf Geräteebene zugreifen können. Wenn Sie es aktivieren, wird ein schwebendes Menü angezeigt, das Benutzern hilft, die Schwierigkeiten mit Bildschirmgesten wie Wischen oder Manipulieren der physischen Tasten des iPhones zu umgehen. Ein weiteres Merkmal für Menschen mit visuellen Bedürfnissen ist die Lupe. Wenn Sie diese Option aktivieren, kann Ihre Kamera Dinge vergrößern. Ich empfehle, dass Sie sich etwas Zeit nehmen und durch den allgemeinen Bereich tippen, damit Sie wissen, wo sich alles befindet!

ZELLULÄR

Wenn Sie sich Sorgen über Datenbeschränkungen machen, können Sie die Dateneinstellungen ändern, um die verwendeten Daten zu reduzieren. Gehen Sie auf Einstellungen> Mobilfunk> Mobilfunkdatenoptionen und deaktivieren Sie den Modus Niedrige Daten.

SOUNDS

Hassen Sie diese Vibration nicht auch, wenn Ihr Telefon klingelt? Möchten Sie Ihren Klingelton ändern? Gehen Sie zum Menü für Soundeinstellungen! Hier können Sie die Vibration ein- oder ausschalten und einer Reihe von iPhone-Funktionen Klingeltöne zuweisen. Ich schlage vor, einen isolierten Raum zu finden, bevor Sie die verschiedenen Soundeinstellungen ausprobieren - es macht Spaß, ist aber möglicherweise ein großer Ärger für diejenigen, die das Pech haben, nicht mit ihrem eigenen neuen iPhone spielen zu können! Tipp: Sie können einzelne Klingeltöne und Nachrichtenbenachrichtigungen für Ihre Kontakte einstellen. Gehen Sie einfach zum Kontaktbildschirm der Person unter "Kontakte", tippen Sie auf "Bearbeiten" und anschließend auf "Klingelton zuweisen".

ÜBER DIE DIE TASTATUR WISCHEN

Eine Tastatur wurde in iOS 13 hinzugefügt. Was ist das? Anstatt beim Tippen den Finger zu heben, streichen Sie über die Tastatur. Einige Leute bevorzugen es und haben das Gefühl, dass sie damit schneller tippen können. Andere können es nicht aushalten. Falls Sie es ausprobieren möchten, gehen Sie zu Einstellungen> Allgemein> Tastatur.

PERSONALISIEREN SIE DIE HELLIGKEIT UND DEN HINTERGRUND

Auf dem iPhone bezieht sich der Begriff Wallpaper auf das Hintergrundbild auf Ihrem Startbildschirm und auf das Bild, das angezeigt wird, wenn Ihr iPhone gesperrt ist (Sperrbildschirm). Sie können jedes Bild mit einer von zwei Methoden ändern.

Die erste Methode finden Sie unter Einstellungen> Hintergrundbilder. Hier sehen Sie eine Vorschau Ihres aktuellen Hintergrundbilds und des Sperrbildschirms. Tippen Sie auf "Wählen Sie ein neues Hintergrundbild". Von dort aus können Sie ein vorinstalliertes dynamisches (bewegtes) Bild oder ein Standbild auswählen oder eines Ihrer eigenen Fotos auswählen. Sobald Sie ein Bild ausgewählt haben, wird eine Vorschau Ihrer Auswahl als Sperrbildschirm angezeigt. Hier können Sie den perspektivischen Zoom deaktivieren (wodurch sich das Bild beim Neigen des Telefons scheinbar verschiebt), wenn Sie möchten. Tippen Sie auf "Einstellen", um fortzufahren. Wählen Sie dann aus, ob Sie das Bild als Sperrbildschirm, Startbildschirm oder beides festlegen wollen.

Die andere Möglichkeit, die Veränderung vorzunehmen, liegt in Ihrer Foto-App. Suchen Sie das Foto, das Sie als Hintergrundbild festlegen möchten, und tippen Sie auf die Schaltfläche "Teilen". Sie haben die Wahl, ein Bild als Hintergrund, Sperrbildschirm oder beides einzustellen.

Falls Sie Bilder aus dem Internet verwenden möchten, ist dies recht einfach zu machen. Halten Sie das Bild einfach gedrückt, bis die Meldung Bild speichern / Kopieren / Abbrechen angezeigt wird. Wenn Sie das Bild speichern, wird es gemeinsam mit Ihren zuletzt hinzugefügten Fotos in der Foto-App gespeichert.

Privatsphäre

Unter der Überschrift Datenschutz in den Einstellungen erfahren Sie, was Apps mit Ihren Daten tun. Jede App, die Ihren Standort verwenden darf, wird unter Location Services angezeigt (und Sie können die Standortverfolgung hier für jede einzelne App oder auch für das ganze Gerät ein- oder ausstellen). Sie können außerdem Ihre Apps durchsuchen, um zu sehen, welche Informationen diese jeweils empfangen und verschicken.

MAIL, KONTAKTE, KALENDAR EINSTELLUNGEN

Sollten Sie zusätzliche E-Mails, Kontakte oder Kalenderkonten hinzufügen wollen, tippen Sie dazu auf Einstellungen> E-Mail, Kontakte und Kalender. Es ist mehr oder weniger der gleiche Vorgang wie das Hinzufügen eines neuen Kontos in der App. Sie können hier auch andere Einstellungen vornehmen, einschließlich Ihrer E-Mail-Signatur für jedes verknüpfte Konto. Hier können Sie außerdem überprüfen, welche Details Ihrer einzelnen Konten miteinander verknüpft sind. Beispielsweise möchten Sie möglicherweise Ihre Aufgaben, Kalender und E-Mails vom Austausch aus verknüpfen, aber nicht auch Ihre Kontakte. All dies können Sie hier verwalten.

Hier gibt es eine Reihe weiterer nützlicher Einstellungen, einschließlich der Häufigkeit, mit der Ihre Konten nach E-Mails suchen sollten (auch als Push, die Standardeinstellung, die Ihre Akkulaufzeit am meisten belastet, bekannt). Sie können auch Funktionen wie „Vor dem Löschen fragen" aktivieren und den Wochentag anpassen, an dem Ihr Kalender beginnen soll.

FACEBOOK UND TWITTER HINZUFÜGEN

Falls Sie Twitter, Facebook oder Flickr benutzen, möchten Sie diese wahrscheinlich in Ihr iPhone integrieren. Dass ist ein Kinderspiel. Tippen Sie einfach auf Einstellungen und suchen Sie im Hauptmenü nach Twitter, Facebook und Flickr (Sie können auch Vimeo- und Weibo-Konten integrieren, sofern Sie weitere Konten haben). Tippen Sie auf den zu integrierenden Plattformnamen,. Von dort aus geben Sie Ihren Benutzernamen und Ihr Passwort ein. So können Sie Webseiten, Fotos, Notizen, App Store-Seiten, Musik und mehr direkt aus den nativen Apps Ihres iPhones heraus freigeben.

Das iPhone fragt Sie, ob Sie die kostenlosen Facebook-, Twitter- und Flickr-Apps herunterladen möchten, wenn Sie Ihre Konten konfiguriert werden, sofern Sie dies nicht schon bereits getan haben. Ich empfehle dies - die Apps sind einfach zu bedienen, gänzlich kostenlos und sehen großartig aus.

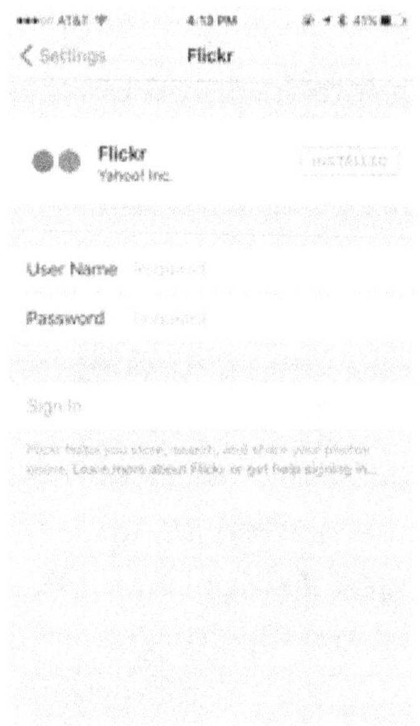

Als ich mein Facebook-Konto verknüpfte, stellte ich fest, dass meine Kontaktliste extrem aufgebläht war. Wenn Sie Ihre Facebook-Freunde nicht mit in Ihre Kontaktliste aufnehmen möchten, gehen Sie auf Kontakte unter "Einstellungen"> "Facebook" und stellen Sie ein, welche Applikationen in der Liste auf Ihre Kontakte zugreifen können.

MIT DER FAMILIE TEILEN

Family Sharing ist eine meiner Lieblingsfunktionen für iOS. Mit Family Sharing können Sie App Store- und iTunes-Einkäufe mit Familien-mitgliedern teilen (zuvor war für diesen Zweck eine knifflige Choreographie erforderlich, die den Nutzungsbedingungen nicht 100% entsprach). Durch das Aktivieren der Familienfreigabe werden auch ein freigegebener Familienkalender, ein Fotoalbum und eine Erinnerungs-liste erstellt. Familienmitglieder können den Standort der anderen Mit-glieder auch in Apples kostenloser Find My App ansehen. Insgesamt ist Family Sharing eine großartige Möglichkeit, um alle zu unterhalten und Dinge synchron zu organisieren! Sie können bis zu sechs Personen in die Familienfreigabe einbeziehen.

Um die Familienfreigabe zu aktivieren, gehen Sie zu Einstellungen> iCloud. Tippen Sie hier auf „Familienfreigabe einrichten", um zu beginn-nen. Die Person, die Family Sharing für eine Familie initiiert, wird als Fa-milienorganisator bezeichnet. Dies ist eine wichtige Rolle, da jeder Einkauf von Familienmitgliedern mit der Kreditkarte des

Familienorganisators getätigt wird! Sobald Sie Ihre Familie eingerichtet haben, können alle auch Ihre früheren Einkäufe herunterladen, einschließlich Musik, Filme, Bücher und Apps.

Laden Sie Ihre Familienmitglieder ein, sich der Familienfreigabe anzuschließen, indem Sie ihre Apples-IDs eingeben. Als Eltern können Sie mit Zustimmung der Eltern Apple-IDs für Ihre Kinder erstellen. Wenn Sie zum Beispiel eine neue untergeordnete Apple ID erstellen, wird diese automatisch zur Familienfreigabe hinzugefügt.

Bei der Familienfreigabe gibt es zwei Arten von Konten: Erwachsene und Kinder. Wie zu erwarten ist, unterliegen Kinderkonten potenziell mehr Einschränkungen als Konten für Erwachsene. Von besonderem Interesse ist die Option Ask to Buy. Dies verhindert, dass jüngere Familienmitglieder die Kreditkartenrechnung des Familienorganisators aufladen, indem für Einkäufe eine elterliche Genehmigung erforderlich ist. Der Familienorganisator kann auch andere Erwachsene in der Familie als fähig bestimmen, Einkäufe auf Kindergeräten zu autorisieren.

KONTINUITÄT UND HANDOFF

iOS bietet einige unglaubliche Funktionen für diejenigen von uns, die auf mehreren iOS- und OSX-Geräten arbeiten. Wenn auf Ihrem Computer Yosemite oder höher ausgeführt werden kann oder Ihr iPad mit demselben Wi-Fi-Netzwerk wie Ihr iPhone verbunden ist, können Sie Anrufe entgegennehmen oder Textnachrichten (sowohl iMessages als auch reguläre SMS-Nachrichten) von Ihrem iPad oder Computer aus senden.

Die Handoff-Funktion ist in Apps wie Numbers, Safari, Mail und diversen anderen enthalten. Mit Handoff können Sie eine App in einem Gerät mitten in der Aktion verlassen und genau dort, wo Sie auf einem anderen Gerät aufgehört haben, weitermachen. Das macht das Leben für diejenigen von uns, die gerne einen Multi-Gadget-Lebensstil führen, viel einfacher.

ERSCHAFFEN PERSONALISIERTER SYMBOLE

Wenn Sie einem Symbol einen neuen Touch verleihen möchten, ist dies „technisch" gesehen möglich, es gibt jedoch Einschränkungen. Sie können beispielsweise das iMessage-Symbol in Ihr Hochzeitsfoto ändern. Was sind die Einschränkungen dabei? Sie erhalten keine Benachrichtigungsindikatoren. So leuchtet Ihr Symbol beispielsweise nicht mit einem neuen Nachrichtenanzeiger auf. Es wird des Weiteren über die Shortcuts-App gestartet, die eine Verzögerung beim schnellen Öffnen verursacht.

Dazu müssen Sie eine Verknüpfung für die App erstellen. Wenn Sie die Shortcuts-App nicht sehen, haben Sie diese möglicherweise gelöscht und müssen sie erneut installieren.

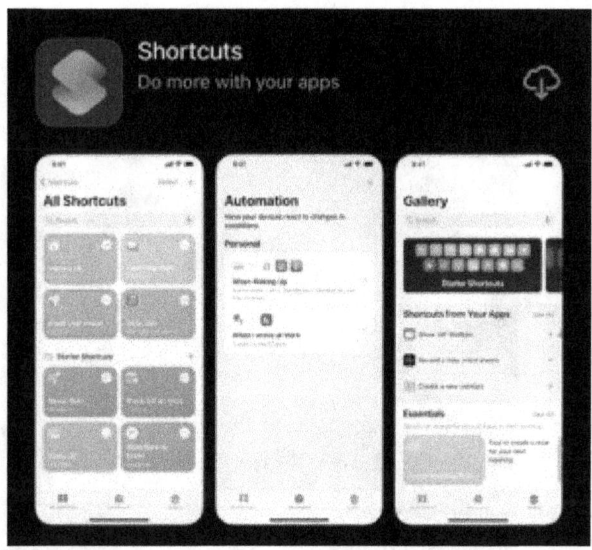

Tippen Sie beim Start der App auf das Symbol + in der oberen rechten Ecke.

Wählen Sie als Nächstes „Aktion hinzufügen" aus.

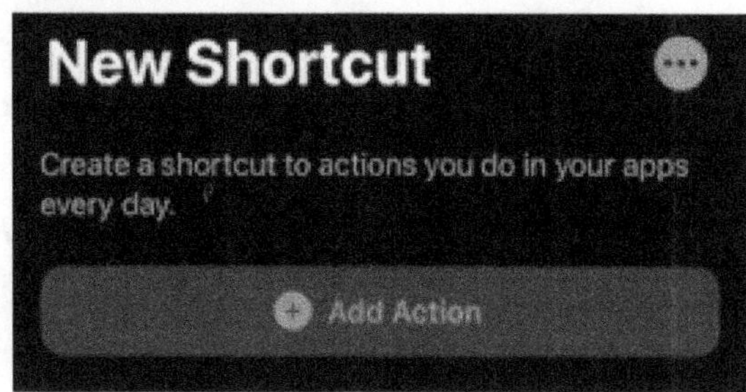

Sie können nach allen möglichen Aktionen suchen, aber es geht am schnellsten, nur gezielt nach den Aktionen zu suchen, die Sie ausführen möchten. In diesem Fall: App öffnen.

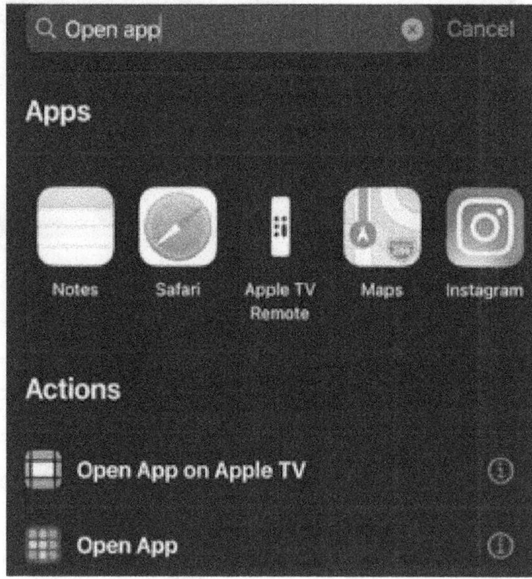

Tippen Sie auf Auswählen, um die App auszuwählen, die Sie öffnen möchten.

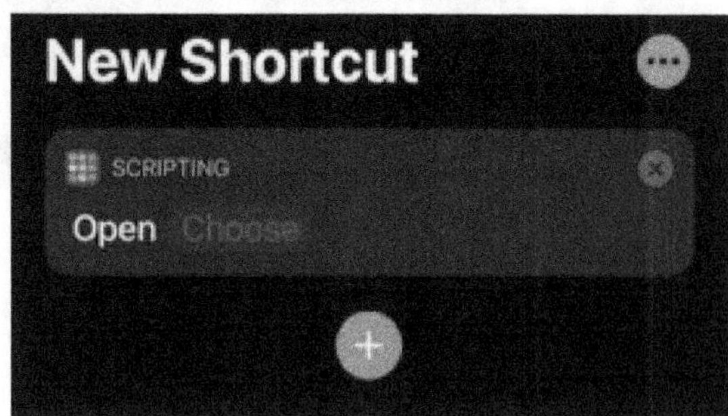

Geben Sie den Namen der App ein, die Sie öffnen möchten. Ich wähle die Nachrichten App aus.

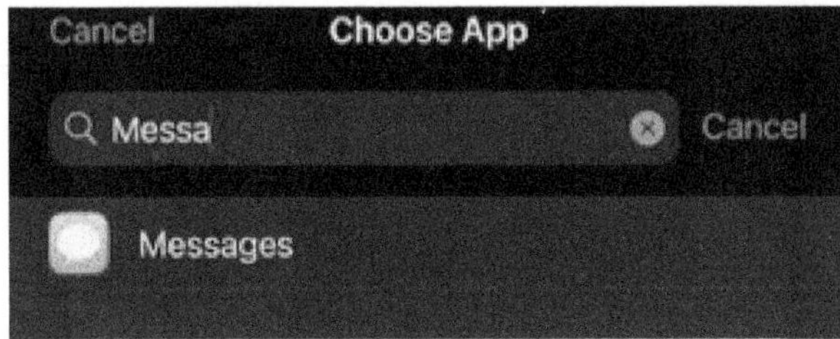

Tippen Sie anschließend auf das Symbol mit den drei Punkten und dem blauen Kreis in der oberen rechten Ecke.

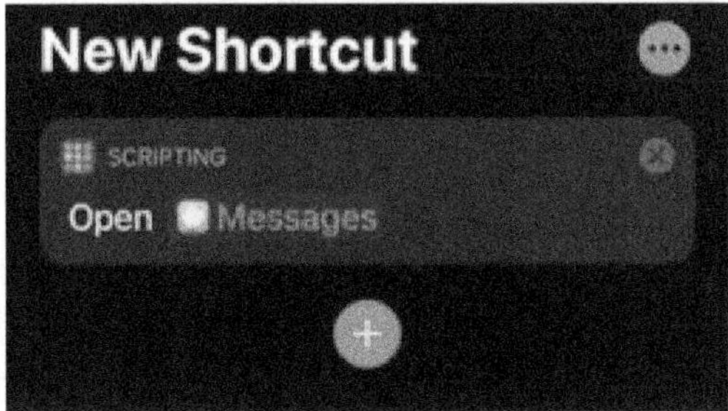

Wenn Sie ein Symbol dafür auf Ihrem Startbildschirm erstellen wollen, tippen Sie entsprechend auf Zum Startbildschirm hinzufügen.

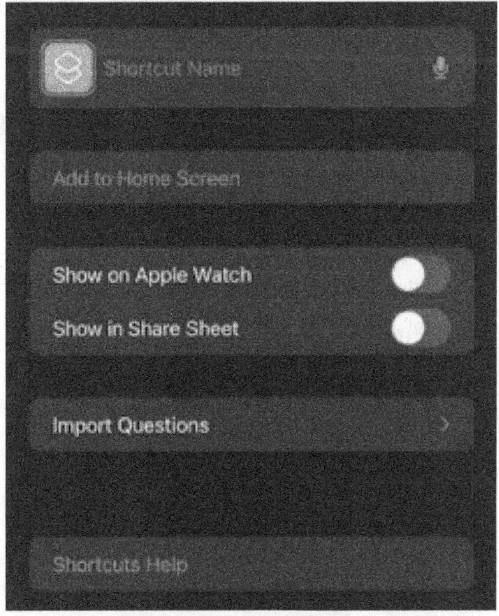

Tippen Sie auf das Symbolbild und wählen Sie aus, wo sich das Bild befindet, das Sie verwenden möchten. Wählen Sie dann das Bild aus.

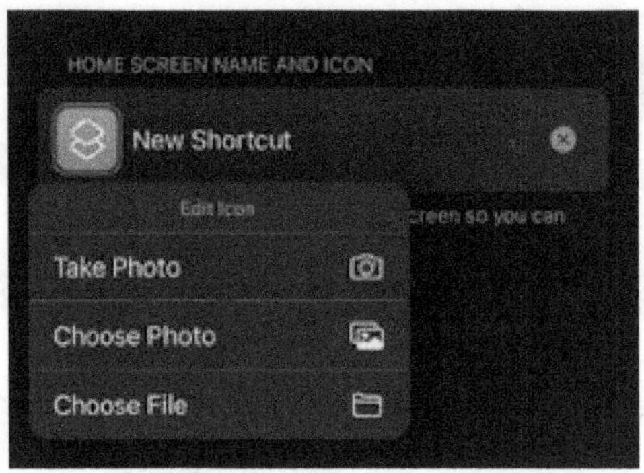

Sie erhalten eine Vorschau des Symbols. Stellen Sie vor dem Tippen auf Fertig sicher, dass Sie den Namen in Neue Verknüpfung in den neuen Namen, den Sie ausgesucht haben, umändern.

Sobald Sie fertig sind, wird diese wie jede andere App auf Ihrem Startbildschirm angezeigt.

[6]

LICHTER, KAMERA, ACTION

Dieses Kapitel beschreibt:
- Fotos und Videos aufnehmen
- Fotos bearbeiten
- Das Teilen und Organisieren von Fotos und Videos

Eine Warnung an dieser Stelle: Ich spreche in diesem Teil von den Funktionen des iPhone 11 Pro. Warum? Weil fast alle der Funktionen auf dem SE sind, und die, die es nicht sind werden wahrscheinlich bei der nächsten Generation hinzugefügt, es ist also vorteilhaft wenigstens ein Bisschen mit diesen vertraut zu sein (Die Pro Handys haben beispielsweise bessere Objektive). Wenn also etwas ein wenig anders aussieht, dann liegt das daran, dass es sich um eine Besonderheit der Pro Handys handelt. *Der Unterschied ist dabei aber nur minimal.*

FOTOS AUFNEHMEN

Nachdem Sie sich mit einigen Einstellungen vertraut gemacht haben, kehren wir zu den lustigen Dingen zurück! Ich werde als Nächstes die Kamera-App verwenden.

Die Kamera-App befindet sich auf Ihrem Startbildschirm. Sie können sie aber auch von Ihrem Sperrbildschirm aus öffnen, um schnell und einfach darauf zuzugreifen.

Die Kamera-App ist ziemlich einfach zu bedienen. Zunächst sollten Sie wissen, dass die Kamera-App zwei Kameras hat: eine auf der Vorder- und eine auf der Rückseite.

Die Frontkamera hatte normalerweise eine niedrigere Auflösung und wurde hauptsächlich für Selbstporträts verwendet. Mit dem iPhone 11 und dem iPhone Pro wurde die Frontkamera auf 12 MP aktualisiert und macht dieselben Pro-Fotos wie die Rückseite. Alle in diesem Abschnitt behandelten Funktionen gelten sowohl für die nach vorne als auch für die nach hinten ausgerichteten Kameras, mit Ausnahme der Zeitraffer- und Panorama Modi.

Die Kamera verfügt über sechs Modi. Wenn Sie die App starten, sehen Sie die verschiedenen Modi unten direkt über dem Verschluss. Verwenden Sie Ihren Finger, um in den gewünschten Modus zu wechseln. Der gelbmarkierte Modus ist der aktive Modus.

SE   SLO-MO   VIDEO   PHOTO   PORTRAIT   PANO

Die sechs Modi heißen wie folgt:
- Zeitraffer – Videos im Zeitraffer
- Zeitlupe – Slow-motion Videos
- Video
- Foto (die Basiseinstellung)

- Portrait – Nimmt Photos wie im Studio mit verschwommenem HIntergrundeffekt auf.
- Pano – Für Panorama Fotos

DIE OBJEKTIVE BENUTZEN

Das iPhone Pro ist mit drei Kameralinsen ausgestattet:
- Ultra-wide
- Wide
- Telephoto

Wenn Sie ein normales Foto oder Video aufnehmen (kein Porträt- oder Zeitlupenvideo), sehen Sie drei Zahlen: .5, 1x und 2. Diese repräsentieren das Objektiv. Wenn Sie darauf tippen, wird die Vorschau entweder vergrößert oder verkleinert.

Wenn Sie auf eine der Zahlen tippen und diese gedrückt halten, erhalten Sie genauere Ziffern. Wenn Sie also nicht ganz hinein- oder herauszoomen möchten, müssen Sie dies auch nicht tun. Sie können alternativ Kneifbewegungen auf Ihrem Bildschirm benutzen, um hinein- und herauszuzoomen.

Was bedeutet das alles in der Praxis? Im Folgenden finden Sie drei Fotos, die jeweils mit den verschiedenen Objektiven an derselben Stelle aufgenommen wurden.

Ultra-Wide (0.5)

Wide (1x)

Telephoto (2)

Die Verschiedenen Kamera Modi

Am oberen Rand der App befinden sich drei Schaltflächen: Blitz, Nachtmodus und Live-Modus. Der Nachtmodus wird bei schlechten Lichtverhältnissen automatisch aktiviert.

Wenn Sie auf den Pfeil in der Mitte tippen, erhalten Sie eine erweiterte Liste mit Optionen.

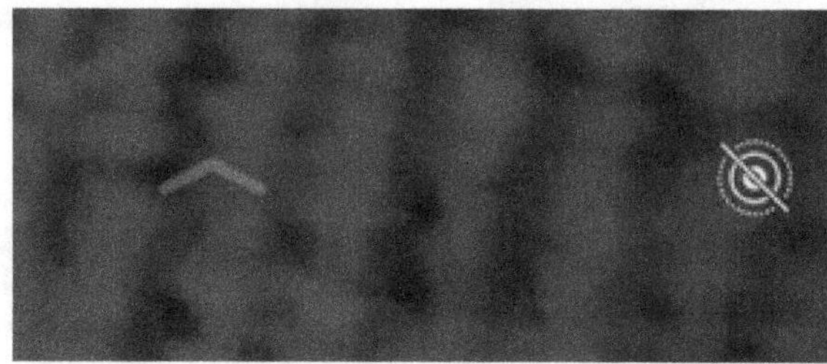

Die Optionen werden unten angezeigt, nachdem Sie diese erweitert haben. Folgende Optionen stehen Ihnen zur Verfügung: Blitz, Nachtmodus, Live-Modus, Bild, Stoppuhr und Farbe.

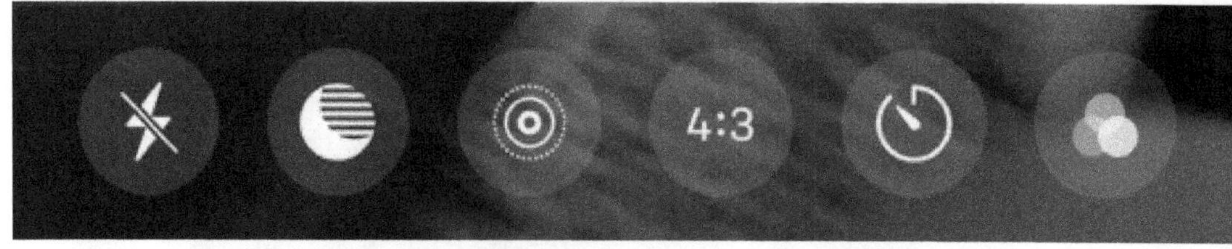

Wenn Sie auf eine dieser Optionen tippen, erhalten Sie weitere Optionen, um die ersteren entweder ein- und auszuschalten oder gegebenenfalls anzupassen.

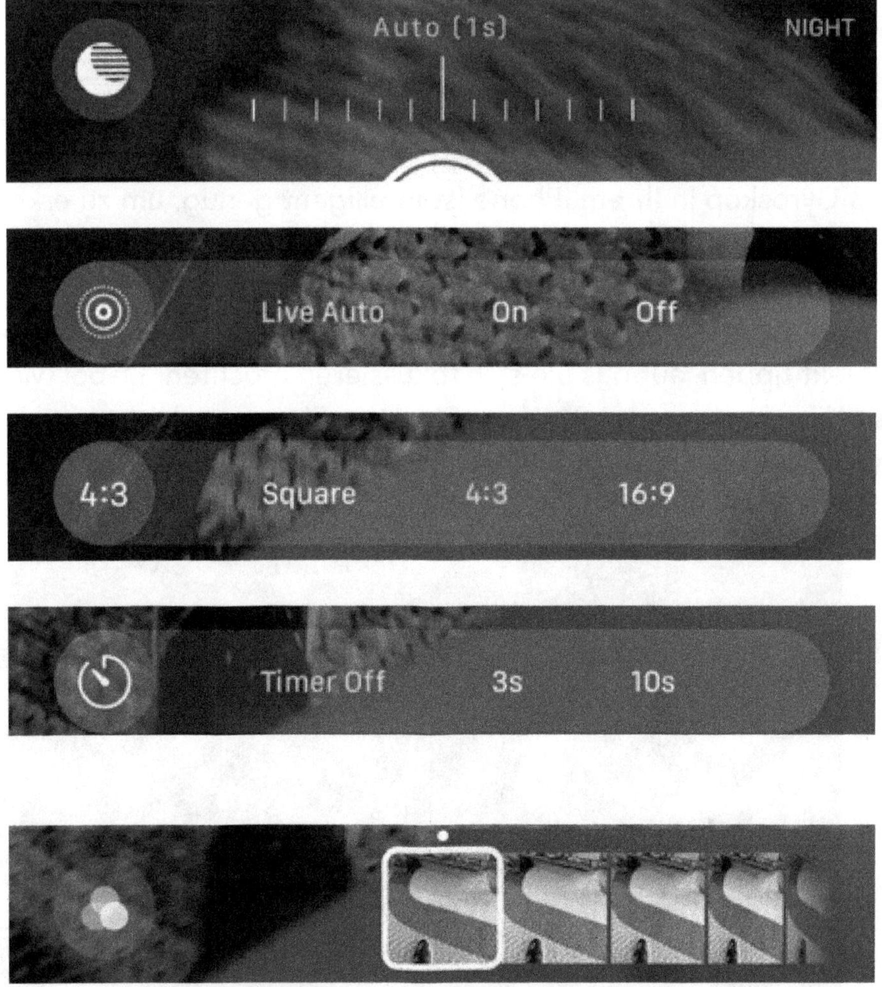

Der Nachtmodus ist eine neue Funktion auf dem iPhone 11 und Pro, und die manuellen Bedienelemente erscheinen hier erst etwas ungewohnt. Der Nachtmodus wird automatisch aktiviert (wenn aktiviert, ist das Symbol gelb und zeigt die Anzahl der Sekunden an, für die Fotos geschossen werden). Wenn Sie jedoch auf das Symbol für den Nachtmodus drücken, können Sie die Einstellungen, die automatisch erfasst werden, manuell anpassen.

Der Nachtmodus simuliert automatisch hinter den Kulissen eine längere Belichtung. Das bedeutet im Grunde genommen, dass es länger dauert, das Bild zu erfassen. Der Schieberegler im Nachtmodus passt die Anzahl der Sekunden an, in denen das Motiv belichtet wird. Je länger im Modus belichtet wird, desto mehr Licht lässt er hinein.

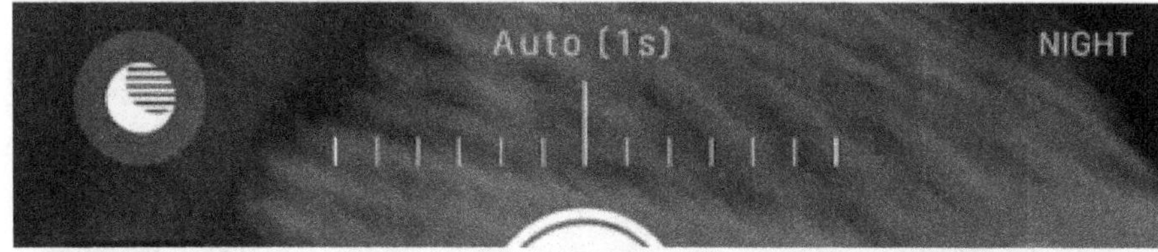

Das Gyroskop in Ihrem iPhone ist intelligent genug, um zu erkennen, ob das iPhone auf einem Stativ ruht oder nicht. Wenn dies der Fall ist, können noch längere Belichtungen vorgenommen werden.

Während Sie ein Foto aufnehmen, können Sie auf eine Person oder ein Objekt tippen, auf das Sie sich fokussieren möchten. Dabei wird ein gelbes Kästchen angezeigt. Wenn Sie Ihren Finger nach oben oder unten bewegen, wird nun die Helligkeit des Fotos angepasst.

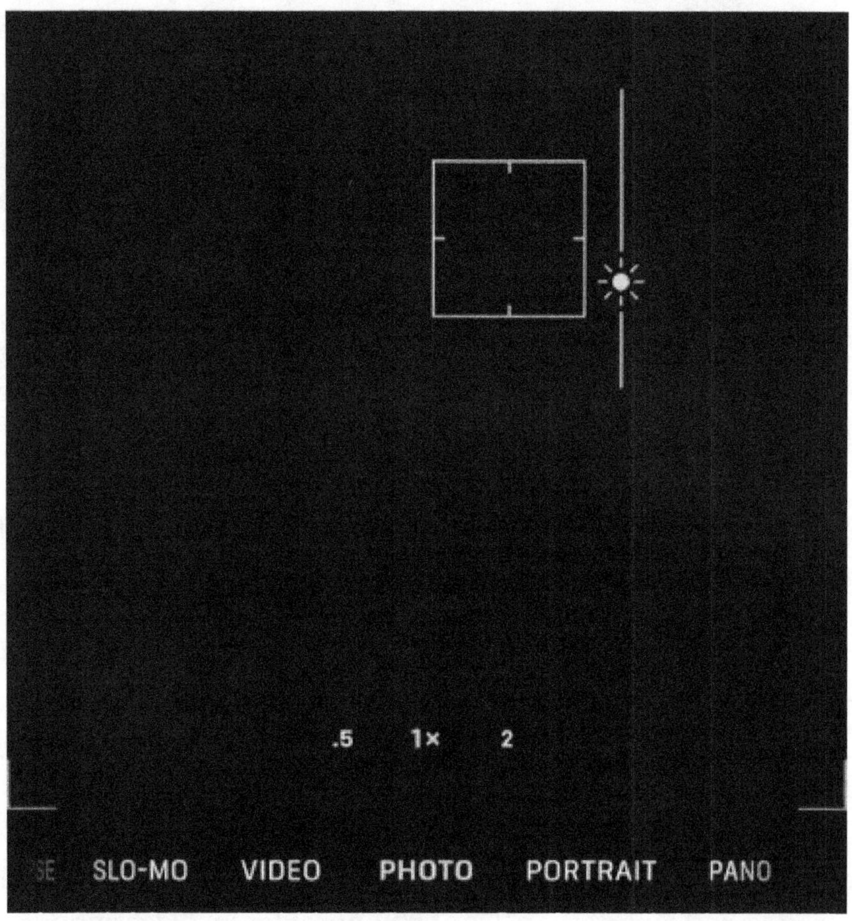

Während Sie Fotos aufnehmen, können Sie schnelle Videos machen, ohne den Fotomodus zu verlassen. Tippen und halten Sie den Auslöser und ziehen Sie ihn nach rechts. Lassen Sie ihn zu dem Zeitpunkt los, wenn Sie mit der Aufnahme des Schnellvideos fertig sind. Diese Funktion kann auch dann ausgeführt werden, wenn Sie ein Video aufnehmen und sich ein schnelles Foto wünschen.

Burst-Modus

Mit den früheren iPhones konnten Sie Fotos aufnehmen, indem Sie den Auslöser gedrückt hielten. Dies war ideal für Dinge wie Action-Aufnahmen - Sie konnten Dutzende von Fotos in Sekundenschnelle aufnehmen und später die auswählen, die Ihnen am besten gefielen.

Wenn Sie den Auslöser nicht gedrückt halten, können Sie den Schieber nicht benutzen, um ein schnelles Video aufzunehmen. Burst kann jedoch immer noch erreicht werden. Das geht neuerdings, indem Sie auf den Auslöser zu tippen und den Finger nach links zu schieben.

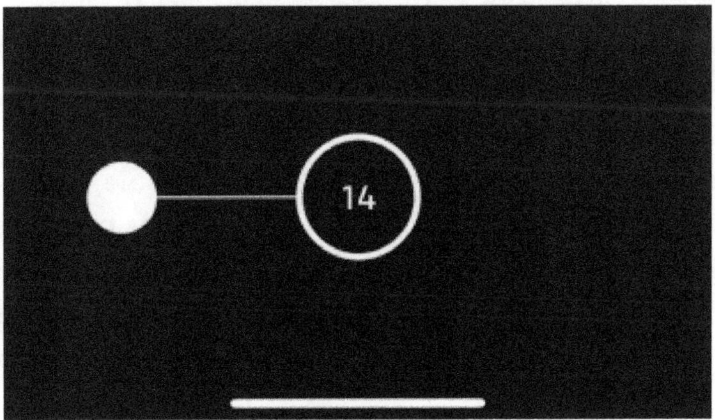

Portrait Modus

Eine der beliebtesten Kameramodi ist der Portraitmodus. Der Portraitmodus fängt Bilder ein, die richtig poppen, in dem Sie alles außer dem Motiv verschwimmen lassen.

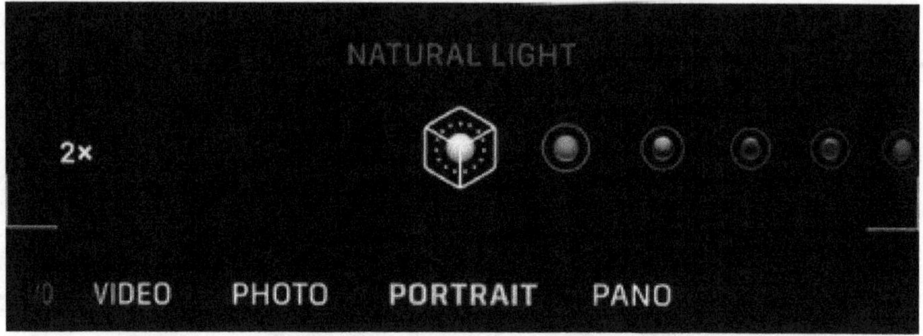

Wenn Sie einen Finger über die Felder direkt über dem Porträt ziehen, können Sie alle verschiedenen Modi im Porträtmodus ansehen. Diese sind: Natürliches Licht, Studiolicht, Konturlicht, Bühnenlicht, Bühnenlicht-Mono und High-Key-Licht-Mono.

Wenn Sie ein Porträtfoto aufnehmen, können Sie den Modus ändern, sobald Sie das Foto bearbeiten. Wenn Sie es beispielsweise mit Studio Light aufnehmen, aber später entscheiden, dass Sie natürliches Licht bevorzugen, wird es nicht zu spät sein, um alles entsprechend zu ändern. Ich werde dies im nächsten Abschnitt genauer ansprechen.

Panorama Modus
Der Panorama Modus erlaubt es Ihnen mehrere Bilder aneinanderzuheften, um ein großes Landschaftsfoto. Sie können vor dem Fotografieren die Objektive wechseln.

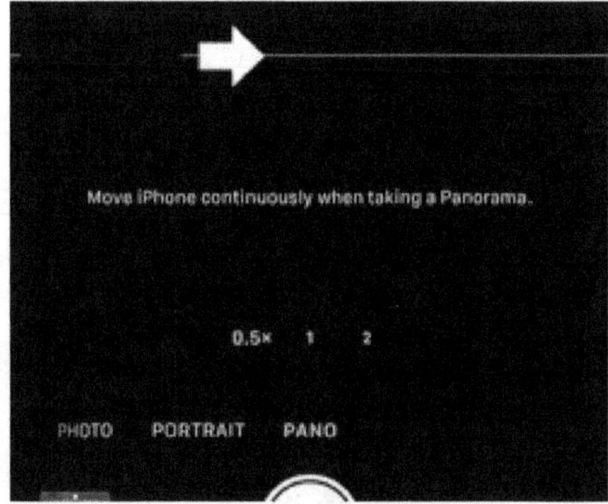

DIE BELICHTUNGSEINSTELLUNGEN FÜR DIE KAMERA

Zusätzlich zu allen anderen Steuerelementen in der Kamera-App hat iOS 14 ein Belichtungssymbol hinzugefügt.

Wenn Sie auf dieses Symbol tippen, wird ein Schieberegler angezeigt, mit dem Sie die Belichtung des aufgenommenen Bildes manuell ändern können.

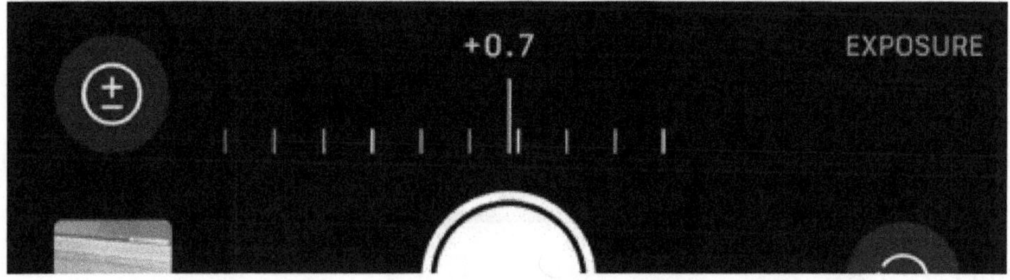

Quicktake Video

Quicktake-Video wurde allen Geräten hinzugefügt und ist nicht nur auf dem iPhone 11 und höher.

KAMERA EINSTELLUNGEN

Sie können auf die Kameraeinstellungen zugreifen, indem Sie die App Einstellungen und dann Kamera aufrufen.

Die Spiegelkamera ist nützlich, wenn Sie gerne Selfies aufnehmen. Das Bild wird umgedreht. Wenn Ihr Shirt beispielsweise Text enthält, wird dieser nicht rückwärts angezeigt.

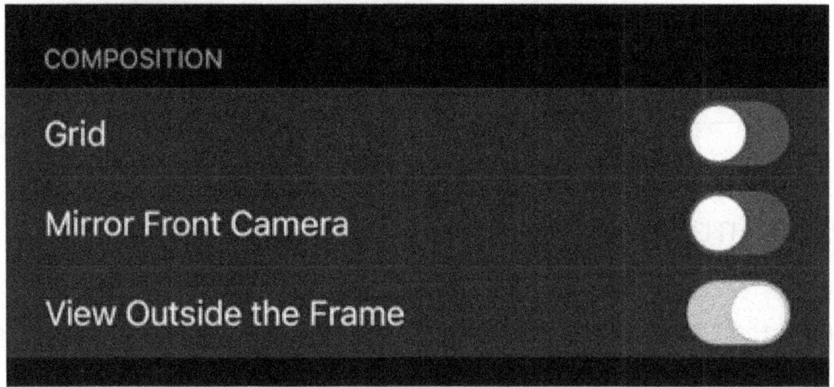

Smart HDR verwendet das Gehirn des Telefons, um Fotos zu mischen und ein einzelnes Bild mit der besten Belichtung zu erstellen.

QR CODES

Haben Sie jemals eine dieser Boxen auf einem Unternehmen gesehen, in der Sie aufgefordert werden, weitere Informationen anzugeben? Das ist ein QR-Code.

In der Vergangenheit brauchten Sie eine App, um das zu öffnen. In die native Kamera des iPhones ist diese Funktion jetzt integriert. Halten Sie Ihr Telefon an einen QR-Code und verhalten Sie sich so, als würden Sie ein Bild aufnehmen wollen. Sobald sich diese fokussiert, wird eine Dropdown-Benachrichtigung angezeigt, in der Sie gefragt werden, ob Sie den Safari Link öffnen möchten.

FOTOS BEARBEITEN

Nachdem Sie Ihr Meisterwerk aufgenommen haben, möchten Sie es möglicherweise so beleuchten, dass Sie es wieder zum Glänzen bringen können. Es gibt Tausende von Bildbearbeitungs-Apps im App Store. Mit einigen, wie z. B. Adobe Lightroom, können Sie professionelle Änderungen an den Fotos vornehmen, während andere nur zum Spaß dienen.

In diesem Kapitel werde ich mich mit den grundlegenden Änderungen mit dem integrierten Editor von Apple auseinandersetzen. Dies bedeutet nicht, dass die Änderungen nicht professionell sind - oder sogar Spaß machen können. Mithilfe des Editors können Sie vieles schaffen.

Normale und Live Fotos

Die Optionen im Editor basieren auf der Art Foto, das Sie aufgenommen haben. Wenn Sie also ein Live Foto aufgenommen haben, haben Sie noch einige zusätzliche Bearbeitungsoptionen; das Gleiche gilt für den Porträtmodus. Der erste Abschnitt deckt die gängigsten Fotos ab: normale (nicht-Live) Bilder und Live.

Woher wissen Sie, um was für ein Foto es sich handelt? Wenn Sie in die Foto-App gehen und das Foto anzeigen, werden Sie direkt unter dem hinteren Pfeil in der oberen linken Ecke darüber informiert. Das folgende Beispiel zeigt ein Live-Foto.

Am unteren Rand des Fotos befindet sich eine Liste aller verfügbaren Optionen, die zum Bearbeiten des Fotos bereitstehen. Die erste ist die Exportieren Option. Mit dieser können Sie das Foto außerhalb der Foto-App ändern. Was bedeutet das? Für den Anfang können Sie es über Text, E-Mail und AirDrop teilen oder es in eine andere App hochladen. Hier können Sie jedoch noch viel mehr tun: Drucken, zum Hintergrund hinzufügen, einem Album hinzufügen, einem Kontakt zuweisen und vieles mehr. Die nächste Option ist der Favoriten Button (ich werde im nächsten Abschnitt erläutern, wohin diese Fotos sortiert werden). Die letzten Optionen sind das Bearbeiten und Löschen des Fotos.

Wenn Sie "Bearbeiten" auswählen, werden unten im jetzt geöffneten Fotoeditor mehrere neue Optionen angezeigt. Die erste Option ist die Live-Schaltfläche (wenn es sich um ein Live-Foto handelt). Wenn Sie ein Live-Foto aufnehmen, enthält dieses Foto mehrere Einzelbilder. Durch das Tippen auf die Live-Schaltfläche können Sie das Foto auswählen, das Sie verwenden möchten. Das Telefon wählt automatisch das Foto aus, von dem es glaubt, dass es das Beste ist. Dies ist jedoch nicht immer akkurat.

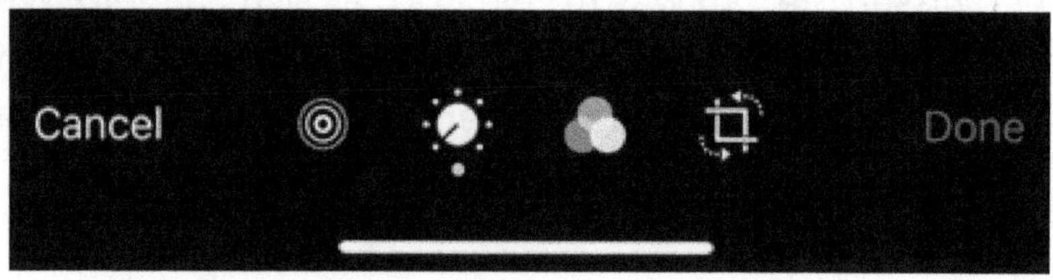

Neben der Live-Schaltfläche können Sie das Gesamtbild des Fotos korrigieren. Die erste Option ist die automatische Korrektur (diese passt die Beleuchtungs- und Farbstufen an das an, was vom Handy als beste Wahl eingestuft wird). Daneben befinden sich alle manuellen Korrekturen: Belichtung, Brillanz, Glanzlichter, Schatten, Kontrast, Helligkeit, Schwarzpunkt, Sättigung, Vibration, Wärme, Farbton, Schärfe, Definition, Rauschunterdrückung und Vignette.

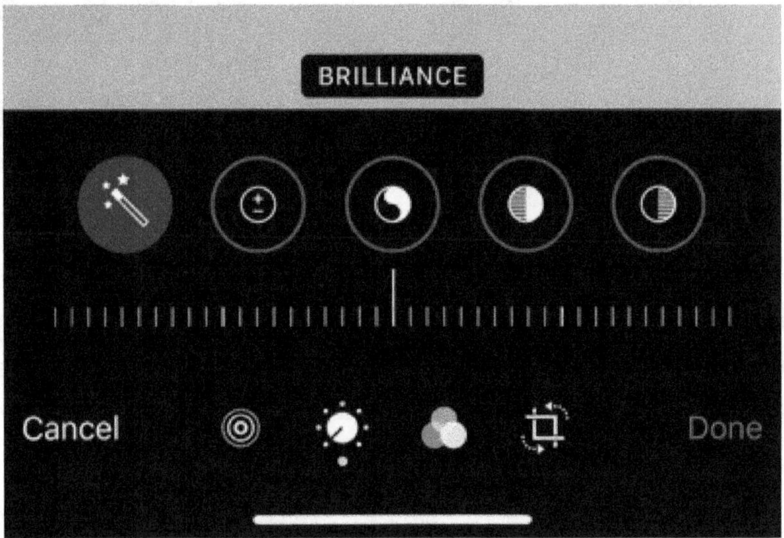

Wenn Sie Ihren Finger auf die Korrektur bewegen, die Sie durchführen möchten, wird darunter kein Schieberegler angezeigt. Bewegen Sie den Finger nach links und rechts, um die Intensität der Korrektur zu verringern.

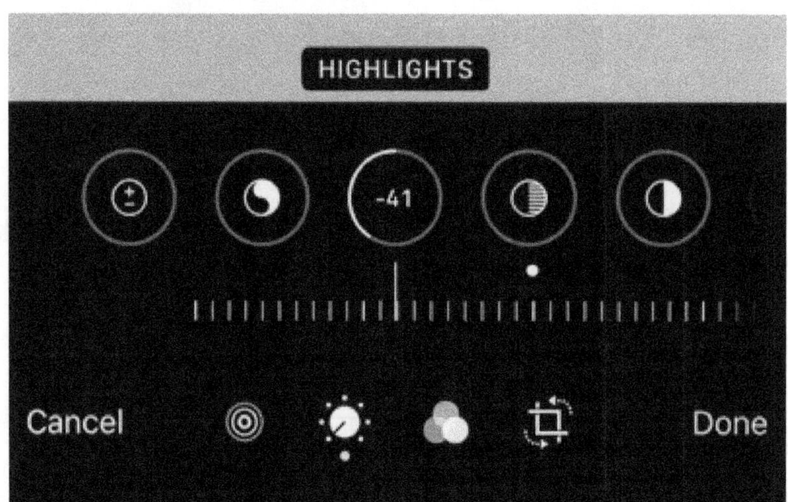

Als nächstes können Sie Filter für die Fotos anwenden. Dies funktioniert auf ähnliche Weise: Wählen Sie den Filter, den Sie anwenden möchten, aus, und verwenden Sie dann den Schieberegler unten, um die Intensität des Filters zu erhöhen oder zu verringern. Die verfügbaren Filter sind Vivid, Vivid Warm, Vivid Cool, Dramatisch, Dramatisch Warm, Dramatisch Cool, Mono, Silvertone und Noir.

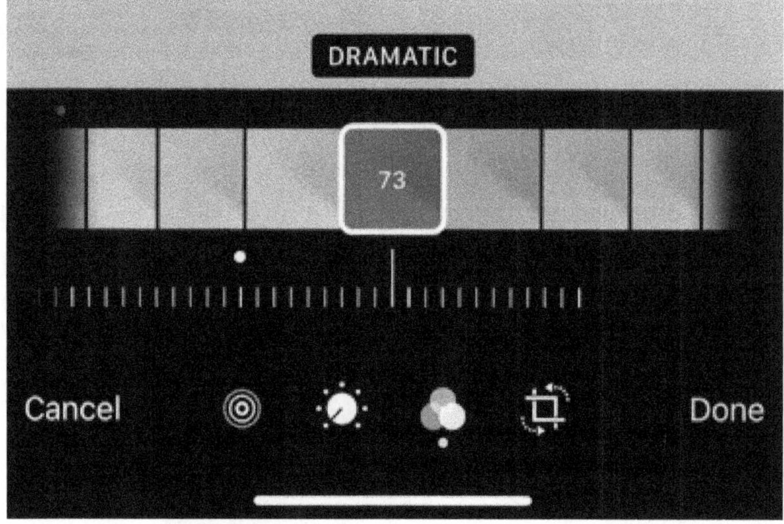

Die letzte Option ist Zuschneiden. Beachten Sie, dass bei Auswahl dieser Option kleine weiße Ecklinien um das Foto herum angezeigt werden. Mit diesen können Sie Dinge in die Bereiche ziehen, die Sie zuschneiden möchten - hinein- und herausschieben, nach oben und unten oder nach links und rechts bewegen.

Am unteren Rand des zugeschnittenen Bereichs befinden sich Optionen zum Begradigen des Fotos.

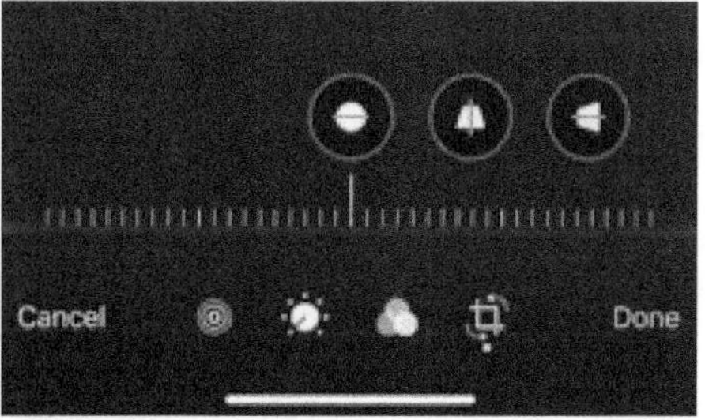

In der oberen linken Ecke befinden sich Optionen zum Drehen oder Spiegeln des Fotos.

Oben rechts können Sie das Bild auf eine vordefinierte Größe zuschneiden.

Wenn Sie den Knopf für die vordefinierte Größe auswählen, werden mehrere neue Optionen angezeigt. Diese sind hilfreich, wenn Sie etwas Bestimmtes erstellen wollen – wie beispielsweise einen Rahmen.

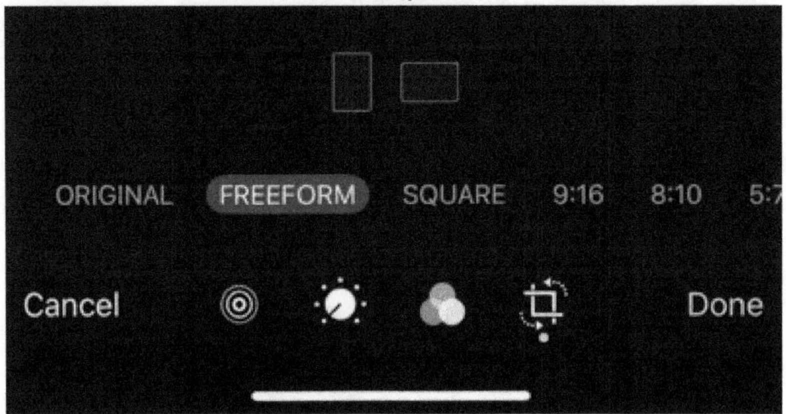

Wenn Sie alle Änderungen abgeschlossen haben, tippen Sie auf die Schaltfläche „Fertig". Sie können natürlich auch alles rückgängig machen und das Originalfoto behalten, indem Sie auf „Abbrechen" tippen.

Sie können jederzeit auf die drei Punkte in der oberen rechten Ecke des Bildschirms tippen. Dies öffnet das Optionsmenü.

Wenn Sie andere Foto-Apps haben, werden diese möglicherweise hier angezeigt. Die Option, die die meisten Leute wahrscheinlich verwenden werden, ist jedoch die Markup-Option.

Mit Markup können Sie auf dem Foto Formen zeichnen und hinzufügen - stellen Sie sich das wie das Schreiben von Notizen auf dem Foto vor.

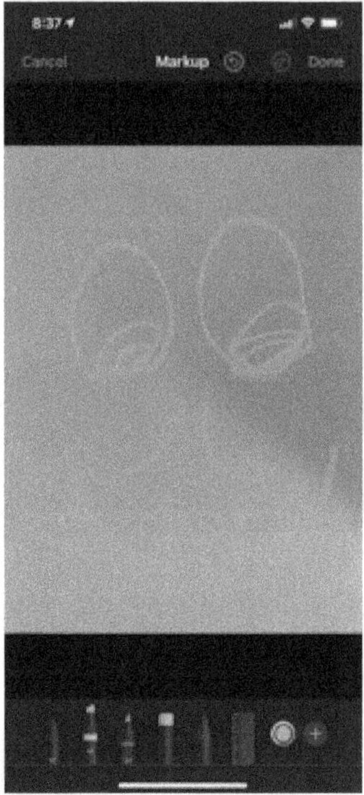

Auf der Unterseite finden Sie alle Optionen für Farbe und Schreibgeräte. Sie können auch das Lineal verwenden, um mit einer dieser Optionen eine gerade Linie zu zeichnen.

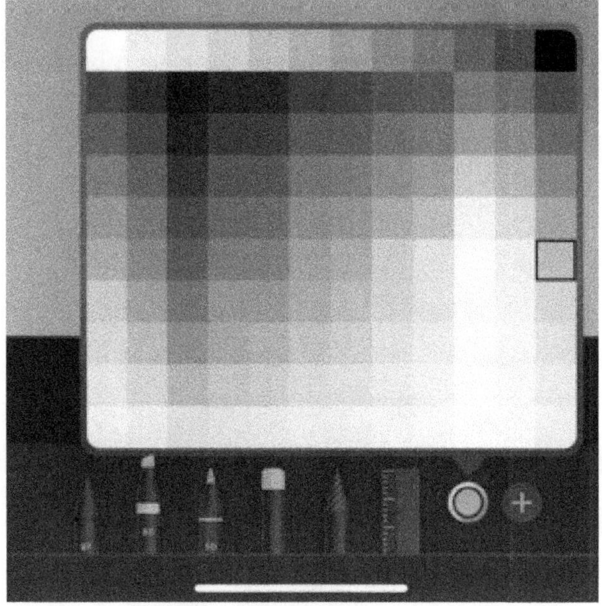

Sie können zusätzlich auf die Plus-Schaltfläche tippen, um Formen, Text, eine Unterschrift und vieles mehr hinzuzufügen.

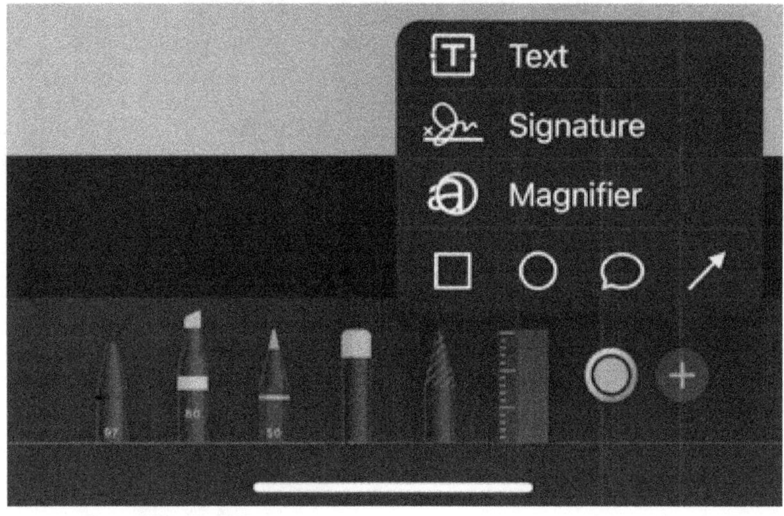

Wenn Sie mit den Markups fertig sind, tippen Sie auf "Fertig", um Ihre Kreation abzuspeichern, oder auf "Abbrechen", um alles zu löschen.

Porträt Aufnahmen
Das Bearbeiten eines Portraits geht genauso—die wenigen Ausnahmen werden in diesem Fall vorgestellt.

Sie können Porträtbilder an der Information über dem Foto erkennen.

Wenn Sie die Foto bearbeiten Option auswählen, tippen Sie auf die erste Schaltfläche, um die verfügbaren Portrait-Änderungen aufzurufen. Verwenden Sie Ihren Finger, um zu der Porträtbearbeitung zu gelangen, die Sie für das Foto vornehmen möchten. Die verfügbaren Filter sind natürliches Licht, Studiolicht, Konturlicht, Bühnenlicht, Bühnenlicht-Mono und High-Key-Licht-Mono. Sobald Sie die Filterauswahl getroffen haben, wird ein Schieberegler darunter angezeigt, um die Intensität anzupassen.

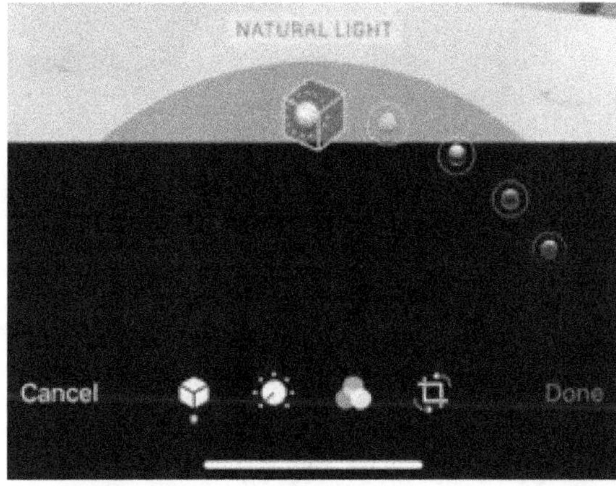

In der oberen linken Ecke des Bildschirms sehen Sie eine Schaltfläche mit der Aufschrift f 4.5; diese Option passt die Tiefe des Fotos an (oder auch den Hintergrundunschärfeeffekt).

Wenn Sie auf diese Option tippen, wird am unteren Bildschirmrand ein Schieberegler angezeigt, mit dem Sie die Tiefe des Fotos anpassen können.

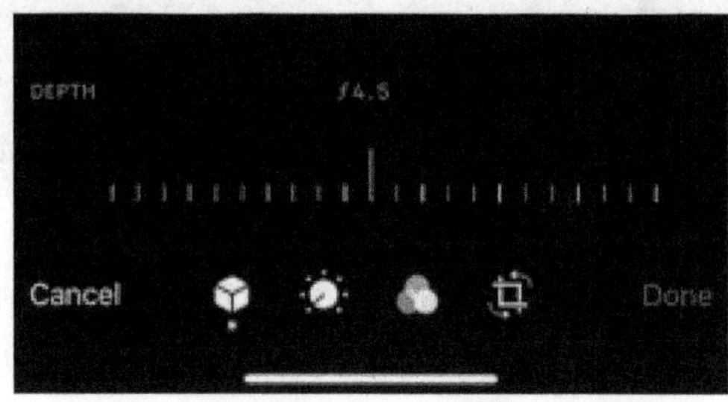

KAMERA EINSTELLUNGEN, DIE SIE KENNEN SOLLTEN

Wenn Sie in Ihre Einstellungen und dann auf die Kamera gehen, sollten Sie einige Funktionen kennen (auch wenn Sie sich entscheiden, diese momentan nicht zu verwenden).

Die Einstellung, die ich als die Nützlichste ansehe, ist die Komposition. Wenn Sie die Fotoaufnahme außerhalb des Rahmens aktivieren, können Sie beim Aufnehmen eines Fotos mehr erfassen, als Sie sehen, wenn Sie alle Ihre Fotos durchblättern.

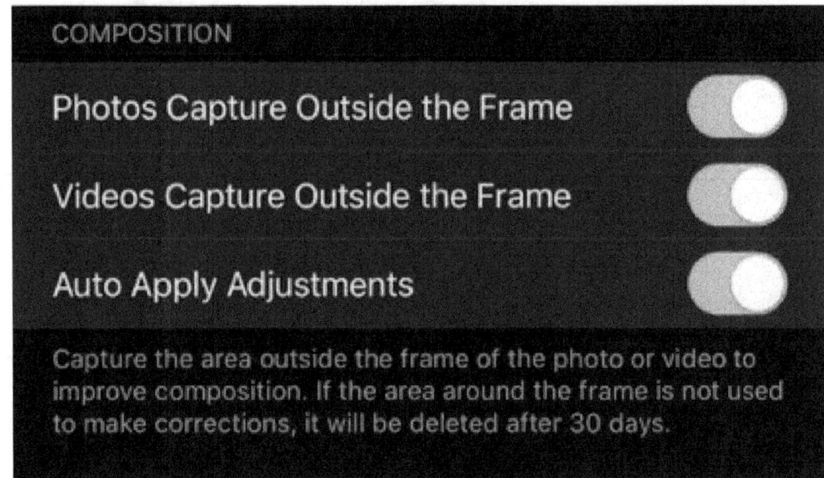

Was bedeutet das? Schauen Sie sich das Bild unten an. Das Bild in der Mitte ist das, was ich in meiner Bibliothek sehe. Wenn ich jedoch auf Bearbeiten und Zuschneiden gehe, stellen Sie schnell fest, wie groß der Bereich ist tatsächlich ist. Ich kann ziehen, um noch mehr von dem Foto zu zeigen.

Wenn Ihnen die Tatsache, dass die Kamera auf die Grundeinstellungen zurückspringt, wenn Sie sie öffnen, nicht gefällt, können Sie Einstellungen beibehalten auswählen.

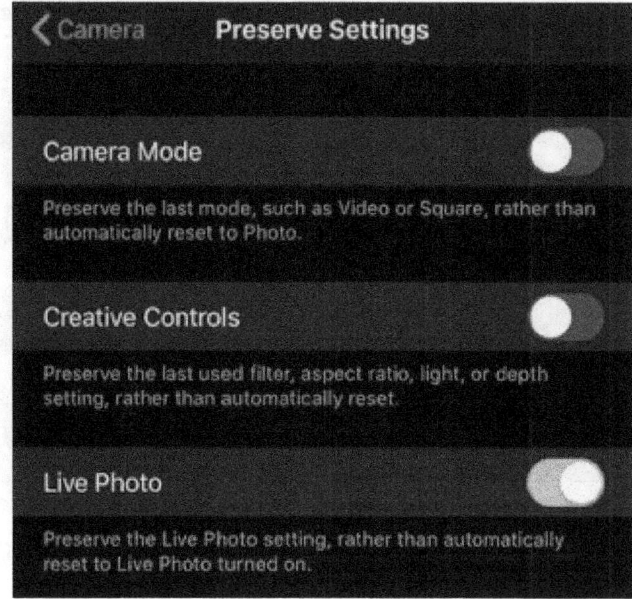

Wenn Sie ein Video aufnehmen, können Sie die Qualität bis zu 4K hoch aufnehmen. Dadurch werden jedoch sehr große Videos erstellt. Sie können auch in einer niedrigeren Auflösung aufnehmen. Tippen Sie auf Video Aufnahme, um Ihre Einstellungen zu aktualisieren.

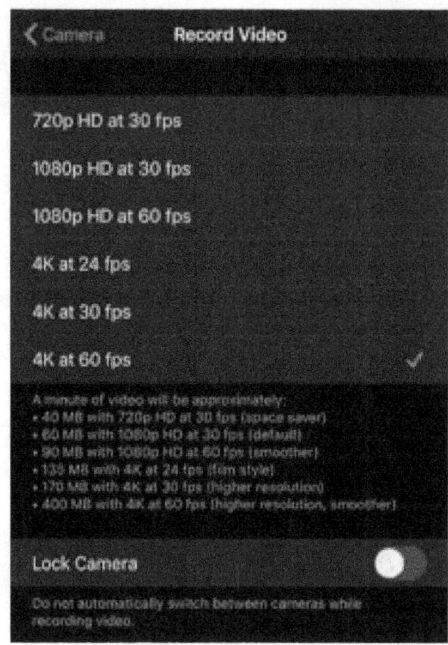

Sie können auch die Kamera Einstellungen für die Zeitlupenfunktion verändern.

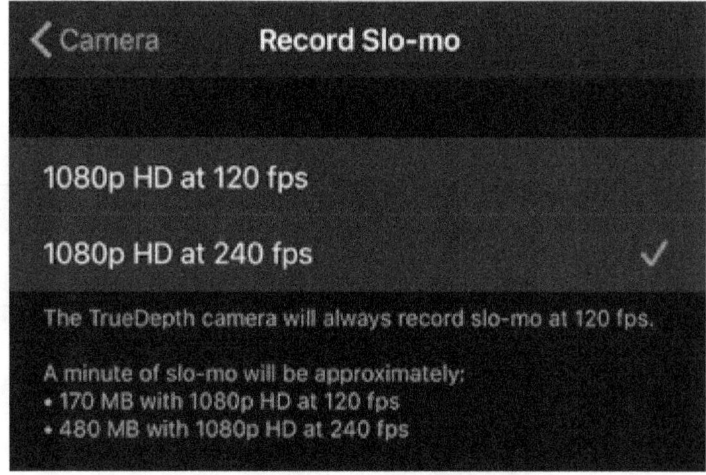

Wenn Sie auf "Raster" umschalten, wird ein Raster über Ihrer Foto-App angezeigt, damit Sie gerade Fotos und Videos aufnehmen können.

FOTOS ORGANISIEREN, SUCHEN, UND TEILEN

Jetzt, da Sie die Veränderungen an den Bildern vorgenommen haben müssen Sie lernen, wie sich diese organisieren lassen. Darum geht es in diesem Abschnitt.

Wenn Sie die Foto-App öffnen, stehen vier Registerkarten zur Verfügung: Fotos (auf der Sie alle Bilder sehen), „Für Sie" (kuratierte Fotosammlungen - wie beispielsweise gesammelte Erinnerungen an einen Tag), Alben (auf der private freigegebene Alben gespeichert sind) und Suchen (auf der Sie nach Fotos suchen).

Fotos ansehen

Wenn Sie die erste Registerkarte (Fotos) auswählen, wird unten eine neue Option angezeigt: Jahre, Monate, Tage, Alle Fotos. Wenn Sie wie die meisten Menschen sind, haben Sie wahrscheinlich Tausende und Abertausende von Fotos auf Ihrem Telefon. Die Option macht es Ihnen einfacher zu finden, wonach Sie suchen.

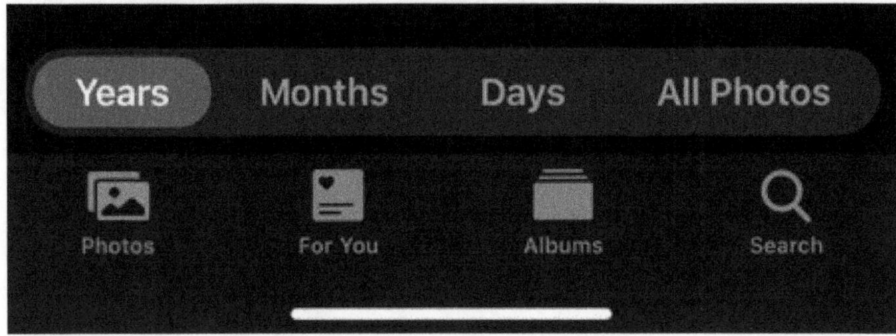

Es macht es auch einfacher, Erinnerungen zu teilen. Wie wenn ich zum Beispiel alle Fotos, die ich am Neujahrstag gemacht habe, mit meiner Frau teilen möchte. Ich gehe einfach auf Jahre und wähle das Jahr, welches ich möchte, dann gehe ich zu Monaten und suche den Monat Januar. Wählen Sie dann den Tage Bereich an, um den Januar zu finden. Tippen Sie schließlich in der oberen rechten Ecke auf die Baumpunkte, um die Optionen für die Fotos aufzurufen. Dadurch werden alle Fotos zusammengesammelt und mir werden einige Optionen angezeigt: Teilen Sie sie, fügen Sie sie in einen Film ein oder zeigen Sie sie auf einer Karte an.

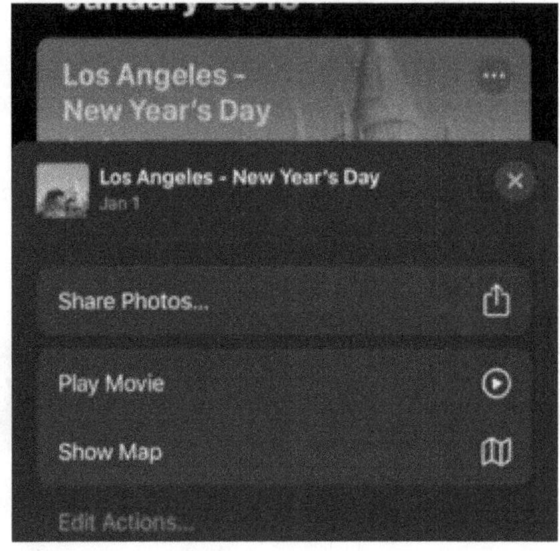

Wenn ich "Teilen" auswähle, werde ich gefragt, wie ich meine Daten teilen möchte, und ich wähle einfach "Nachrichten" aus, um meiner Frau die Bilder zu schicken.

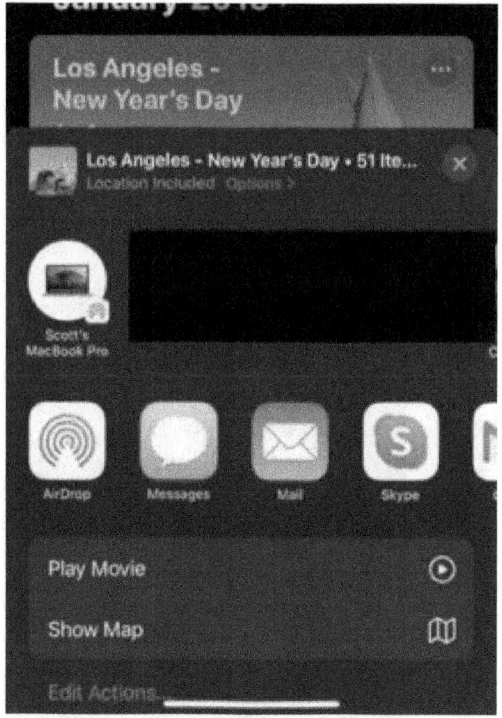

Von hier aus wird allen ein iCloud-Link zugewiesen, und dieser Link wird in eine Textnachricht eingefügt. Wenn meine Frau diese bekommt, sieht sie keine einundfünfzig Fotos. Sie sieht ein Foto mit einem Link zum Standort, auf dem alle gespeichert sind. Auf diese Weise kann sie sie entweder anzeigen lassen, herunterladen oder nur einige Fotos zum Herunterladen auswählen.

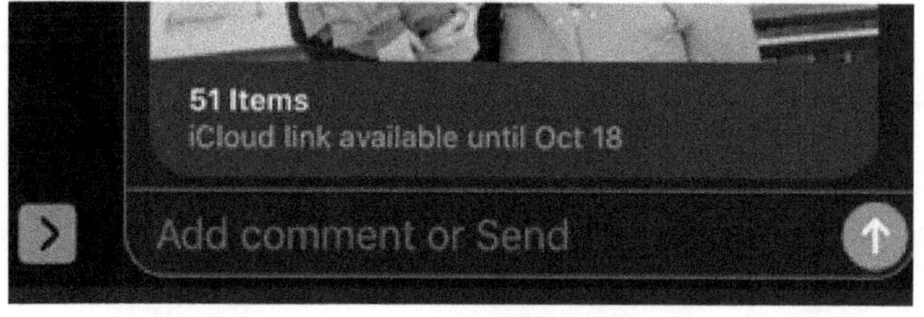

Für Sie

Sie haben wahrscheinlich inzwischen bemerkt, dass Ihr Telefon ziemlich schlau ist. Im Hintergrund laufen alle möglichen Dinge, um herauszufinden, wer Sie sind und was Sie gerne mögen. Es gibt für Sie einen Bereich, der all diese anzeigt. Er erkennt, wenn Sie viele Fotos in einem bestimmten Bereich aufnehmen, markiert sie als Erinnerungen und weist sie dann diesem Abschnitt zu. Sie können alles tun, was Sie in Fotos getan haben, z. B. Bilder teilen und Filme bearbeiten.

Nicht alle Erinnerungen sind glücklich; Wenn Sie den Speicher öffnen, können Sie auf die Optionen in der oberen rechten Ecke tippen, um eine Sammlung zu blockieren oder zu löschen.

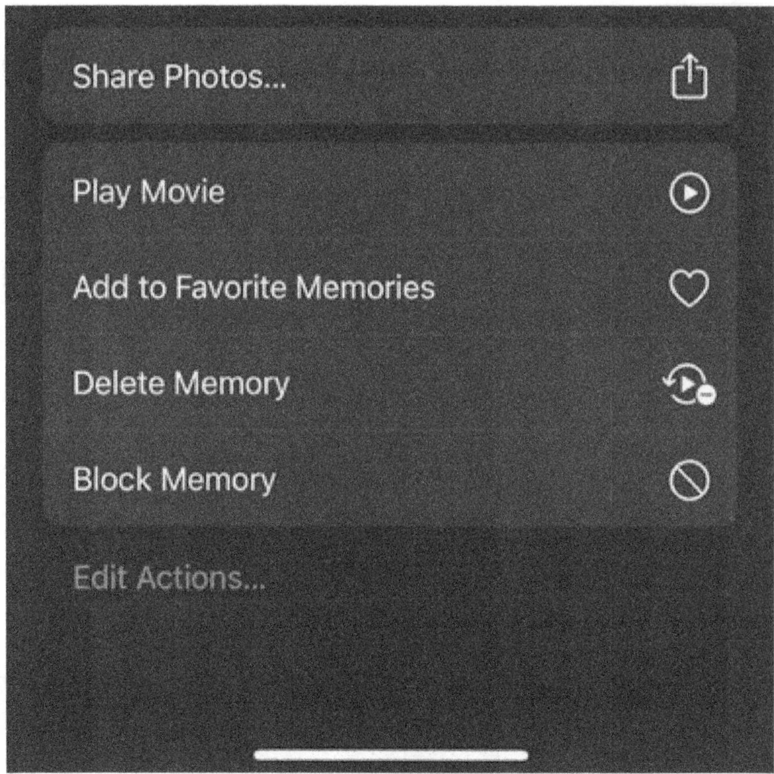

Wenn Sie sich entscheiden, einen Film aus der Sammlung abzuspielen (dies gilt auch für jedes Album, das Sie in einen Film verwandeln), können Sie bearbeiten, wie dieser angezeigt wird - als kurzer oder mittellanger Clip - und welche Art von Effekten (wie Musik) Sie haben wollen.

Albums

Unter Alben lässt sich wirklich vieles anfangen, und viele Dinge organisieren. Denken Sie daran, dass ich oben sagte, dass beim Druck auf die Schaltfläche "Gefällt mir" auf einem Foto der Ordner "Favoriten" angezeigt wird. Hier finden Sie diesen Ordner. Tippen Sie zum Hinzufügen eines Albums auf den + Knopf.

Hier werden Sie gefragt, ob Sie ein neues Album oder ein neues freigegebenes Album erstellen möchten. Die erste Option sehen Sie und die zweite stellen Sie anderen zur Verfügung.

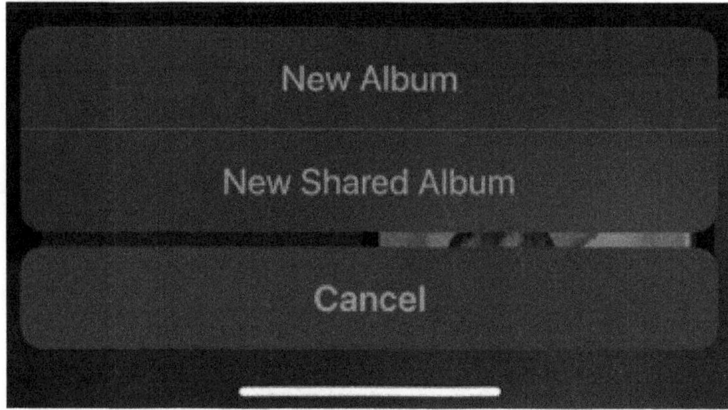

Wenn Sie ein freigegebenes Album erstellen, werden Sie zunächst aufgefordert, ihm einen Namen zu geben.

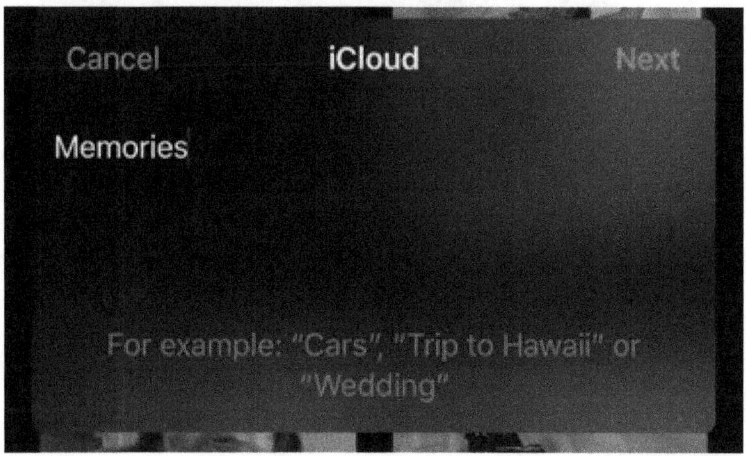

Als Nächstes müssen Sie auswählen, mit wem Sie es teilen möchten (Sie können es aber auch vorerst leer lassen).

Danach sehen Sie ein leeres freigegebenes Album.

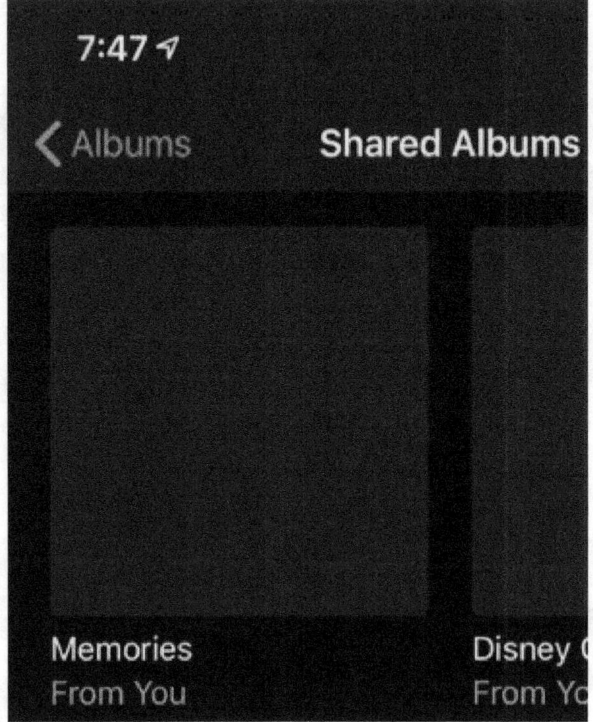

Sobald Sie auf das Album tippen, können Sie mit dem Hinzufügen Ihrer Fotos beginnen.

Wenn Sie unten Personen auswählen, können Sie Menschen dazu einladen, es sich anzusehen. Unter "Personen" werden auch Einstellungen angezeigt, mit denen Personen Fotos für das Album freigeben können. Wenn Sie beispielsweise gerade eine Hochzeit hatten, können Sie ein Album für alle Benutzer freigeben und sie bitten, alle Fotos, die sie gemacht haben, hinzuzufügen. Sie können unter Personen auch Alben löschen.

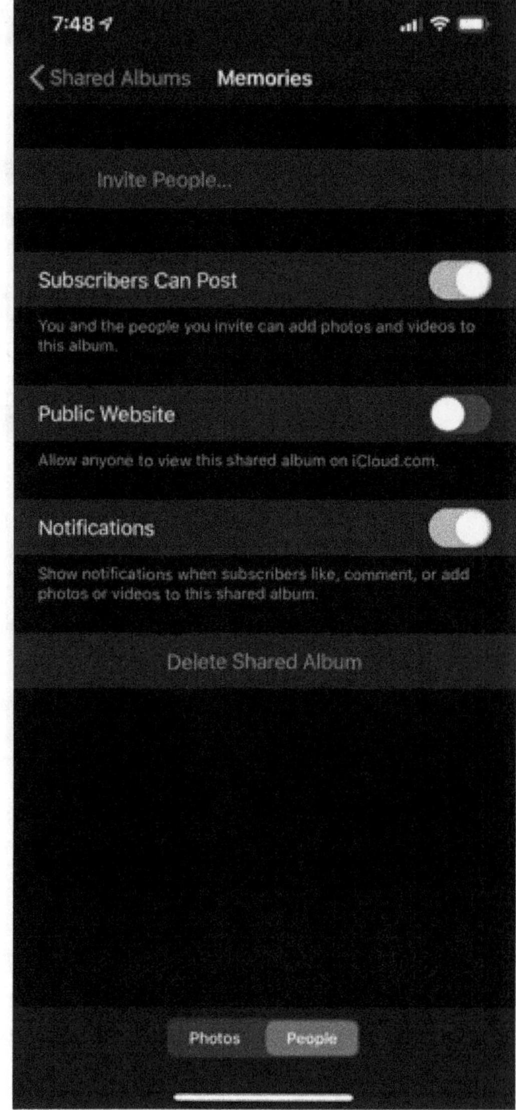

Sie können jederzeit unter "Personen" auf den Namen einer Person tippen, die Mitglied des Albums ist, und diese entfernen.

Suchen

Die Suchfunktion ist recht clever. Sie fragen sich vielleicht, wie Sie ohne Textfunktion nach Bildern suchen sollen. Da gibt es mehrere Möglichkeiten.

Wenn Sie ein Foto aufnehmen, wird der Ort mit einem Geotag versehen (mit anderen Worten, der Ort, an dem ein Bild aufgenommen wurde, wird gekennzeichnet - entweder die Stadt oder in einigen Fällen der tatsächliche Name des Ortes. Wenn Sie beispielsweise in einem

Museum waren, weiß das Handy den Namen des Museums basierend auf dem Geotag).

Ein alternativer Weg ist die Gesichtserkennung. Wenn Sie ein Foto aufnehmen, scannt die KI in Ihrem Telefon dieses, um festzustellen, ob es eine Person oder sogar ein Tier finden kann.

Eines der ersten Dinge, die Sie sehen, wenn Sie auf die Suchoption tippen, ist „Personen". Im folgenden Beispiel kann ich auf Papa tippen und alle Fotos von meinem Vater sehen, die ich je aufgenommen habe. Ich kann auch im Feld oben nach einem Ort und meinem Vater suchen, und so jedes Bild finden, auf dem mein Vater an diesem Ort zu sehen ist.

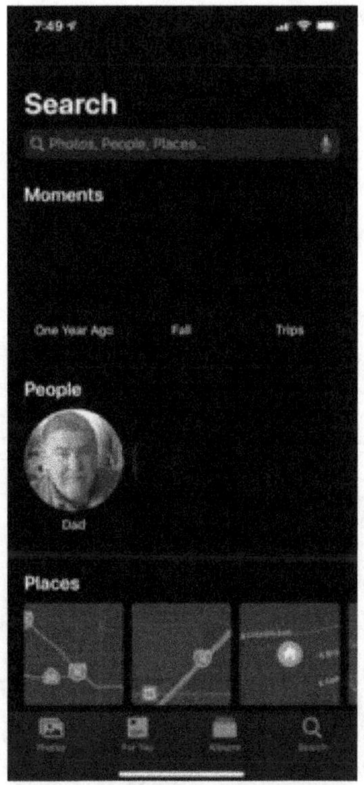

Um Ihnen ein Beispiel zu geben, ich gehe oft zu Disneyland, weil ich in Südkalifornien lebe und ein Kind habe. Wenn ich nach Disneyland suche, wird mir jedes Foto angezeigt, das ich dort aufgenommen habe - über 6.000! Wie ich schon sagte, ich gehe viel dorthin.

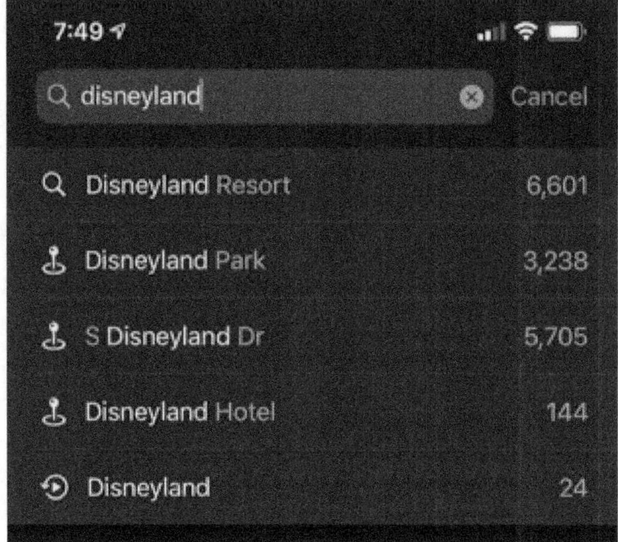

Da es so viele Ergebnisse gibt, kann ich der Suche weitere Dinge hinzufügen. Zum Beispiel kann ich nach Nashville suchen und dann auch nur nach Fotos mit Lebensmitteln oder nach Fotos, die im Winter aufgenommen wurden.

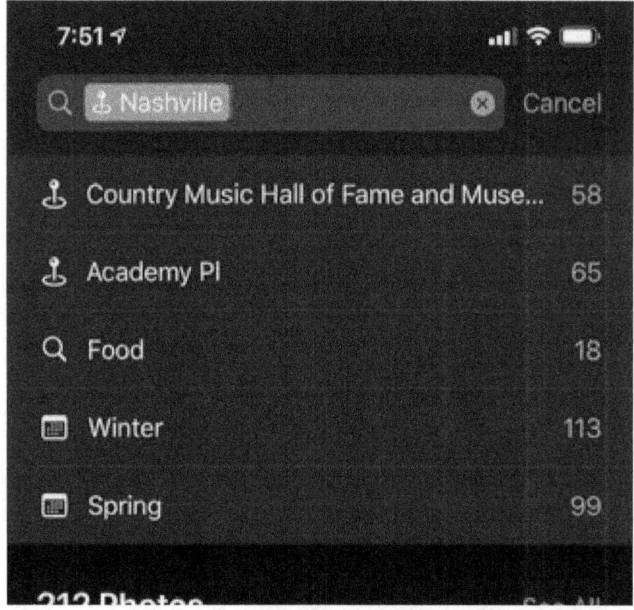

Die Suchfunktion ist nicht ganz so intelligent, wenn es um andere Dinge geht, aber sie entwickelt sich ständig weiter. Sie kann zum Beispiel Objekte erkennen, aber nicht ganz so gut wie Menschen. Auch bei Tieren klappt die Erkennung vergleichsweise gut.

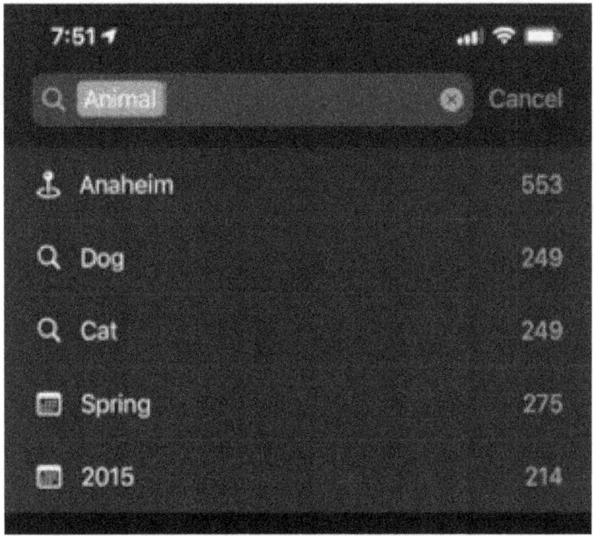

Wenn es eine Person gibt, die auf vielen Ihrer Fotos bemerkt wird, wird sie als unbenannte Person angezeigt. Sobald Sie der Person einen Namen geben, werden alle Fotos mit dieser Person mit dem Namen gekennzeichnet.

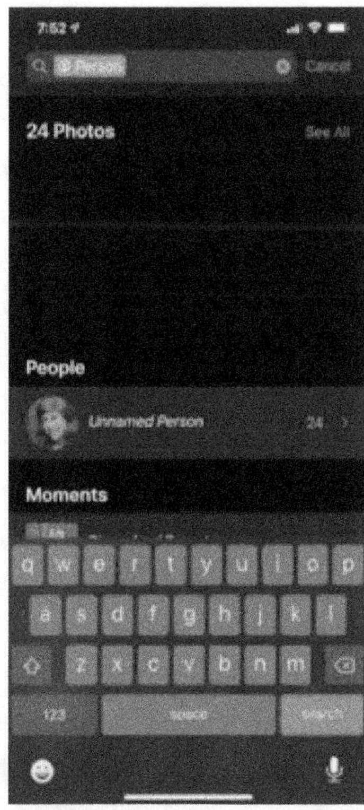

Wenn Sie auf eine Person tippen, können Sie Optionen in der oberen rechten Ecke auswählen, um weitere Optionen anzuzeigen. Sie können die Fotos teilen, sie in einen Film verwandeln und vieles mehr. Es gibt auch eine Option zur Bestätigung zusätzlicher Fotos, mit der Sie die Fotos ansehen können, bei denen sich die KI möglicherweise nicht sicher ist.

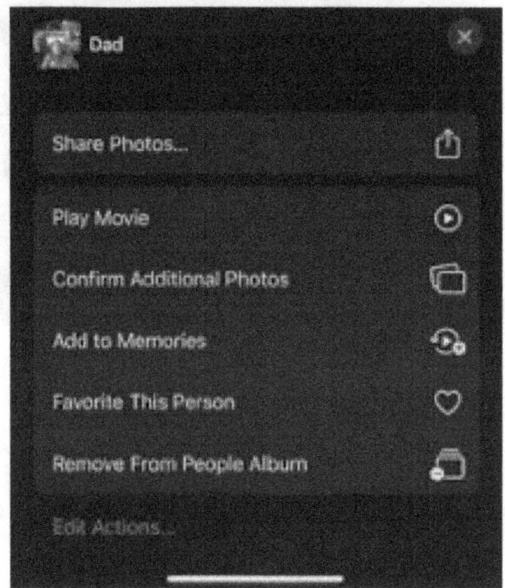

Fotos verstecken

Wir haben alle peinliche Fotos – Sie wissen schon, die, auf denen Sie in einem Tutu auf einem Einhorn reiten? Oder bin das nur ich?!

Wenn Sie "bestimmte" Fotos ausblenden möchten, damit nur Sie sie sehen können, gibt es dafür eine Option. Früher konnte man sie verstecken, aber sie tauchten in Ihren Alben auf. Sie waren "irgendwie" versteckt, aber ich denke, die meisten Leute würden mir zustimmen, wenn ich sage, dass sie nicht gut genug versteckt waren, weil man Sie nach einigem Suchen noch immer finden konnte.

In iOS 14 wurde die Möglichkeit hinzugefügt, diesen Ordner vollständig auszublenden. Gehen Sie zur Einstellungen App und dann auf Fotos. Scrollen Sie zu den versteckten Alben. Wenn der Modus aktiviert ist, befindet sich das versteckte Album im "Dienstprogramme" Bereich der Alben (wie gesagt, schwerer zu finden, aber nicht wirklich versteckt). Wenn der Modus ausgeschaltet ist, ist es ganz weg. Also nirgends zu finden. Die Bilder werden trotzdem in der Cloud gespeichert, auch wenn Sie sie nicht sehen können. Um sie anzuzeigen, schalten Sie sie wieder ein, gehen Sie auf Alben und scrollen Sie zu

„Dienstprogramme". Wenn Sie eine Berühmtheit kennen, geben Sie diese Informationen an sie weiter, damit diese nicht mehr so sehr unter dem „zufälligen" Teilen von Fotos leiden, die eigentlich privat bleiben sollten.

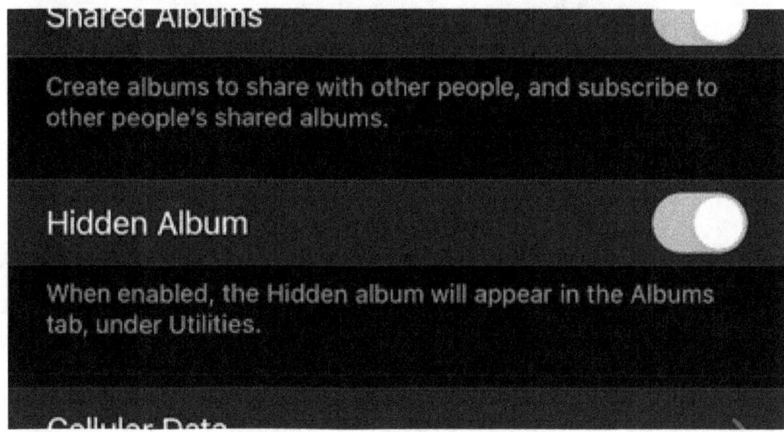

Um ein Foto auszublenden, suchen Sie es, wählen Sie es aus und tippen Sie auf das Symbol Teilen. Dadurch werden Möglichkeiten zum Teilen angezeigt (ein etwas irreführender Name, nicht wahr? Sie verstecken den Ordner doch, weil Sie ihn nicht teilen möchten!). Eine der Optionen ist Ausblenden - tippen Sie darauf.

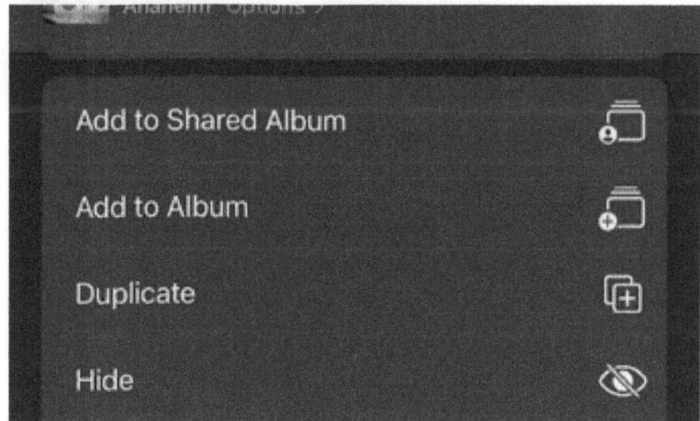

Sie müssen bestätigen, dass Sie ihn tatsächlich ausblenden möchten. Wenn Sie es sich später anders überlegen, gehen Sie in das versteckte Album und blenden Sie es auf die gleiche Weise ein. Sie können auch mehrere Bilder gleichzeitig auswählen, um sie als Gruppe auszublenden.

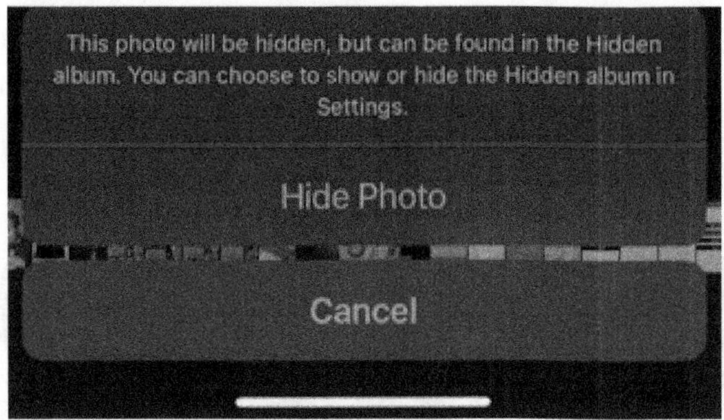

Bildunterschriften (Captions)

Wenn Sie auf einem Foto nach oben wischen, können Sie Änderungen vornehmen und Filter hinzufügen. Außerdem können Sie eine Beschriftung hinzufügen. Bildunterschriften können später durchsucht werden. Sie können also etwas wie "Grand Canyon Urlaub" hinzufügen und später gezielt nach diesem Begriff suchen.

[7]

ANIMOJI

Dieses Kapitel beschreibt:
- Was sind Animoji?
- Wie man Animoji benutzt

WIE SIE IHREN EIGENEN ANIMOJI HINZUFÜGEN

Ich werde ehrlich sein, ich finde Animoji ein Bisschen gruselig - aber auch lustig! Was sind sie? Sie müssen es fast ausprobiert haben, um es zu verstehen. Kurz gesagt, Animoji verwandelt Sie in einen Emoji. Möchten Sie jemandem einen Affen Emoji schicken? Das macht Spaß. Aber wussten Sie, was noch viel lustiger ist? Diesem Affen den gleichen Gesichtsausdruck wie Ihren zu verleihen!

Wenn Sie Animoji verwenden, stellen Sie die Kamera vor sich hin. Wenn Sie Ihre Zunge herausstrecken, streckt der Emoji die Zunge heraus. Wenn Sie zwinkern, zwinkert der Emoji. Auf diese Weise können Sie einer Person einen Emoji senden, der genau Ihren Vorstellungen entspricht.

Öffnen Sie dazu Ihre iMessage-App. Beginnen Sie den Text wie gewohnt. Tippen Sie auf die App-Schaltfläche und anschließend auf die Animoji-Schaltfläche. Wählen Sie einen Animoji und tippen Sie darauf, um ihn im Vollbildmodus anzuzeigen. Schauen Sie direkt in die Kamera und nehmen Sie den gewünschten Gesichtsausdruck auf. Tippen Sie auf den Aufnehmen Knopf und sprechen Sie bis zu 10 Sekunden lang. Tippen Sie auf die Schaltfläche Vorschau, um den Animoji anzuzeigen. Tippen Sie auf die Aufwärtspfeiltaste, um diesen zu verschicken, oder auf den Papierkorb, um diesen zu löschen.

Sie können auch einen Emoji erstellen, der wie Sie aussieht. Klicken Sie auf das große "+" neben den anderen Animojis.

Dies führt Sie durch alle notwendigen Schritte, um Ihren eigenen Animoji zu erstellen - von der Haarfarbe bis zum Nasen Typ.

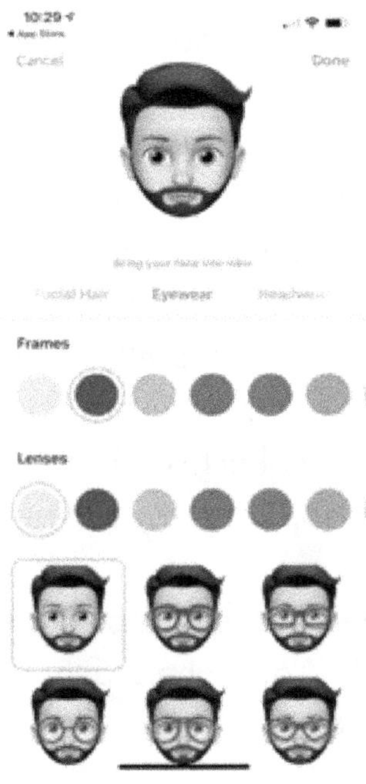

Wenn Sie damit fertig sind, können Sie ihn verschicken.

Sie können jetzt Animojis als Profilfoto in Nachrichten verwenden. Gehen Sie auf Einstellungen > Nachrichten und wählen Sie dann Name und Foto freigeben aus.

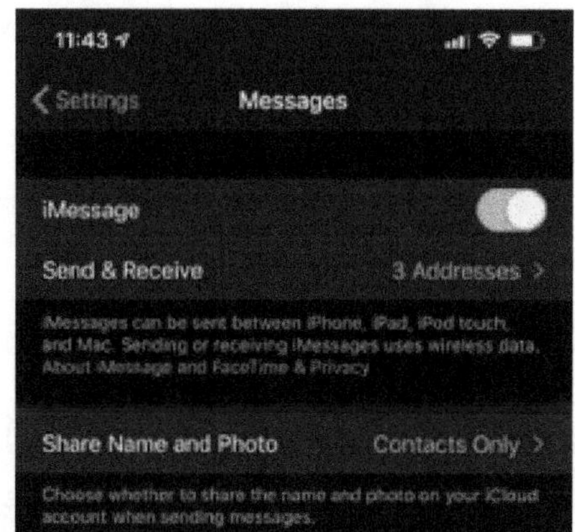

Wählen Sie hier unter Ihrem Avatar die Option Bearbeiten, wählen Sie dann Ihr Foto aus und stimmen Sie der Benutzung zu.

[8]
HEY, SIRI

Dieses Kapitel beschreibt:
- Siri

Inzwischen wissen Sie wahrscheinlich alles über Siri und wie sie Sie zum Beispiel an Dinge erinnern kann. Wenn nicht, halten Sie die Seitentaste gedrückt.

Siri funktioniert wie immer, aber sie hat ein paar Updates unter der Haube, um ihre Arbeit zu beschleunigen.

Die größte Veränderung bei Siri ist das Aussehen. Bei vielen Änderungen an iOS geht es darum, wie man Dinge, die bereits gut funktionieren, weiter vereinfachen kann. Für Siri bedeutet das einen platzsparenden Look. Sie wird jetzt auf weniger aufdringliche Art geöffnet.

Ihre Antworten sind auch weniger ablenkend. Sie hatte zuvor immer Antworten im Vollbildmodus angezeigt, die Sie von dem abhielten, was Sie gerade taten. Jetzt braucht sie viel weniger Platz.

Also, was genau macht man damit? Das erste, was Sie tun sollten, ist, Siri Ihrer Familie vorzustellen. Siri ist ziemlich schlau und möchte Ihre Familie kennenlernen. Um sie Ihrer Familie vorzustellen, aktivieren Sie Siri, indem Sie die Home-Taste gedrückt halten und sagen: "Brian ist mein Bruder" oder "Susan ist mein Boss". Sobald Sie die Beziehung bestätigt haben, können Sie Dinge sagen wie: "Rufen Sie meinen Bruder an" oder "E-Mail an meinen Chef schreiben".

Siri ist außerdem Standort bezogen. Was bedeutet das? Anstatt zu sagen: „Erinnere mich daran, meine Frau um 8 Uhr morgens anzurufen", können Sie sagen: „Erinnere mich daran, wenn ich die Arbeit verlasse, meine Frau anzurufen". Sobald Sie das Büro verlassen, erhalten Sie eine Erinnerung. Siri kann anfangs etwas frustrierend sein, aber sie ist eine der leistungsstärksten Apps des Telefons. Geben Sie ihr also eine Chance!

Jeder hasst es, Warten zu müssen. Es gibt nichts Schlimmeres, als hungrig zu sein und eine Stunde auf einen Tisch warten zu müssen. Siri tut ihr Bestes, um Ihnen das Leben zu erleichtern, indem sie

Restaurantreservierungen für Sie vornimmt. Damit dies funktioniert, benötigen Sie eine kostenlose App namens "OpenTable" (Sie brauchen auch ein zugehöriges kostenloses Konto), die sich im Apple App Store finden lässt. Diese App verdient ihr Geld mit Restaurants, die sie bezahlen. Machen Sie sich also keine Sorgen, dass bei Ihnen durch die Benutzung Kosten anfallen. Sobald sie installiert ist, aktivieren Sie einfach Siri (drücken Sie die Home-Taste, bis sie sich einschaltet) und sagen Sie: "Siri, reserviere für mich das Olivengarten Restaurant" (oder wo auch immer Sie essen möchten). Beachten Sie, dass nicht alle Restaurants OpenTable anbieten, aber Hunderte (wenn nicht Tausende) können über die App reserviert werden. Monatlich kommen weitere hinzu. Es mag das Restaurant vielleicht momentan noch nicht geben, aber das wird sich bald ändern.

Siri entwickelt sich ständig weiter. Und mit dem neuesten Update hat Apple ihr alles beigebracht, was sie über Sport wissen muss. Probieren Sie es aus! Halten Sie die Home-Taste gedrückt, um Siri zu aktivieren, und sagen Sie dann Folgendes: "Was ist die Punktzahl im Kings-Spiel?" Oder: "Wer führt die Liga mit Homeruns an?"

Siri ist auch in Filmen etwas geläufiger geworden. Sie können etwas sagen wie: "Von Peter Jackson inszenierte Filme", und Sie erhalten eine Liste, in der Sie eine Zusammenfassung, die Bewertung von Rotten Tomatoes und in einigen Fällen sogar einen Trailer oder eine Option zum Kauf der relevanten Filme sehen können. Sie können auch so etwas wie „Filmspielzeiten sagen" und alle Filme, die gerade in der Nähe laufen, werden für Sie angezeigt. Derzeit können Sie noch keine Tickets für Filme über die App kaufen, aber ich kann mir vorstellen, dass diese Option sehr bald verfügbar sein wird.

Schließlich kann Siri Apps für Sie öffnen. Wenn Sie eine App öffnen möchten, sagen Sie einfach "Öffnen" und den Namen der App.

Mit dem neuen iOS können Sie Verknüpfungen zu Siri hinzufügen. Sie können dies unter Einstellungen> Siri & Suche> Verknüpfungen ansehen.

SIRI VERKNÜPFUNGEN

Siri Shortcuts ist eine der leistungsstärksten Apps auf Ihrem Telefon. Und wahrscheinlich die, die die meisten Leute nie benutzen. Was genau ist sie?

Verknüpfungen sind möglicherweise nicht die beste Art, sie zu beschreiben. Automatisierung wird ihr meiner Meinung nach eher gerecht. Auf diese Weise können Sie Siri beibringen, wie Sie die Dinge automatisieren möchten, die Sie häufig tun.

Lassen Sie es mich mit einem Beispiel erklären:

Angenommen, Sie haben eine Wiedergabeliste, für den Moment, wenn Sie Ihr Telefon an CarPlay anschließen. Sie spielen die Titel jedes Mal gemischt ab und pausieren die Wiedergabe, sobald Sie an Ihrem Ziel ankommen.

Dies wurde früher auf manuellem Wege getan. Der neue Weg, dies zu tun, besteht darin, einfach das Telefon anzuschließen und den Rest der Arbeit von Ihrem Telefon erledigen zu lassen.

Es gibt nichts für Sie zu tun.

Siris Verknüfungen werden in iOS einfacher, weil alles über eine native App auf dem Handy vorinstalliert ist.

Verknüpfungen vs. Automatik

Wenn Sie die App zum ersten Mal öffnen, werden unten drei Menüs angezeigt: Verknüpfungen, Automatisierung, Galerie. Was ist der Unterschied?

Verknüpfungen sind Abkürzungen, die Sie Ihrem Telefon hinzufügen können, ähnlich wie Apps. Sie können also ein Symbol für Ihre Verknüpfung direkt auf Ihrem Startbildschirm anzeigen lassen. "Automatisierung" beschreibt eine Aktion, die Ihr Telefon ausführt, falls etwas passiert - Sie schließen diese zur Benutzung an CarPlay an, damit das Handy zum Beispiel die Aktion X ausführt. Die "Galerie" ist eine vorgefertigte Automatisierung, die Sie mit hinzufügen können.

Verknüpfungen benutzen

Um eine Verknüpfung zu erstellen, rufen Sie das Kontextmenü auf und tippen Sie auf "Verknüpfung erstellen".

Wählen Sie dann "Aktion hinzufügen aus."

Von hier aus definieren Sie die Verknüpfung. Möchten Sie beispielsweise eine Verknüpfung haben, um Ihre Workout-Wiedergabeliste abspielen zu können? Tippen Sie auf "Medien". Ich erstelle hier eine Verknüpfung, um meine Frau anzurufen, damit ich nicht erst in die

Telefon-App gehen muss, um dies zu tun. Unter Vorschlägen wähle ich "Anruf" und "Frau".

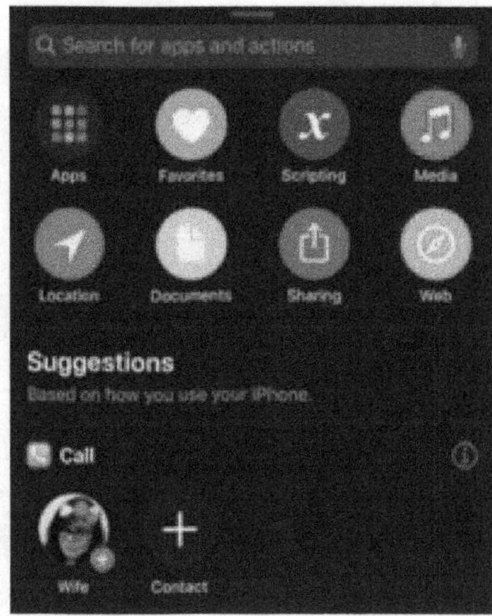

Die Verknüpfung wird erstellt. Von hier aus kann ich auf den "+" Knopf tippen, um eine zusätzliche Aktion zu erstellen. Wenn ich sie zum Beispiel anrufe, wird mir die aktuelle Fahrzeit mitgeteilt, damit ich ihr sagen kann, wann ich ungefähr zu Hause ankommen werde.

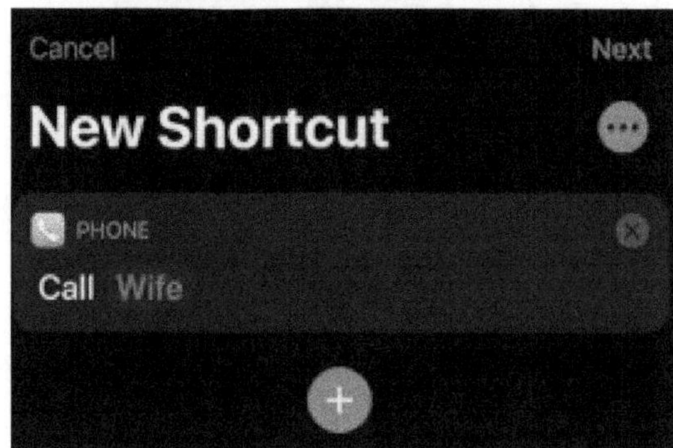

Wenn ich auf die drei Punkte tippe, kann ich die Verknüpfung anpassen.

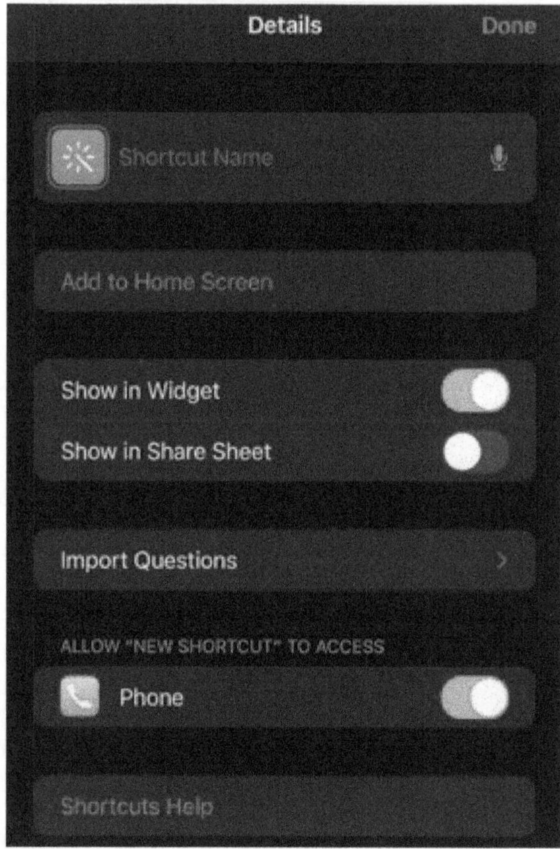

Sobald ich ihm einen Namen gegeben habe, kann ich diesen mit "Zum Startbildschirm hinzufügen" zu meinem Startbildschirm hinzufügen. Wenn ich von hier aus auf das kleine Symbol tippe, kann ich ein benutzerdefiniertes Foto auswählen, das ich ihm gerne zuordnen möchte.

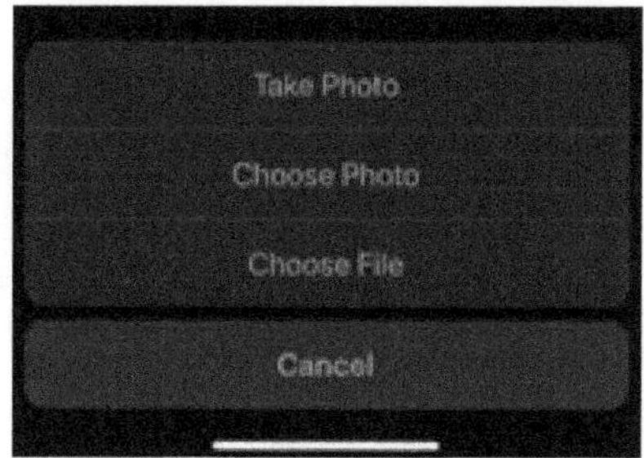

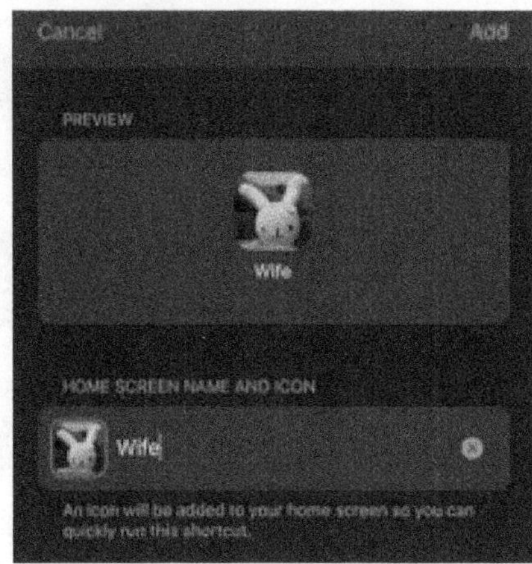

Sobald Sie es hinzugefügt haben, wird es auf Ihrem Startbildschirm angezeigt.

Die Verknüpfung wird auch in Ihrer Siri-Verknüpfungs-App angezeigt.

Um es zu entfernen, drücken Sie lange darauf. Tippen Sie anschließend auf "Löschen".

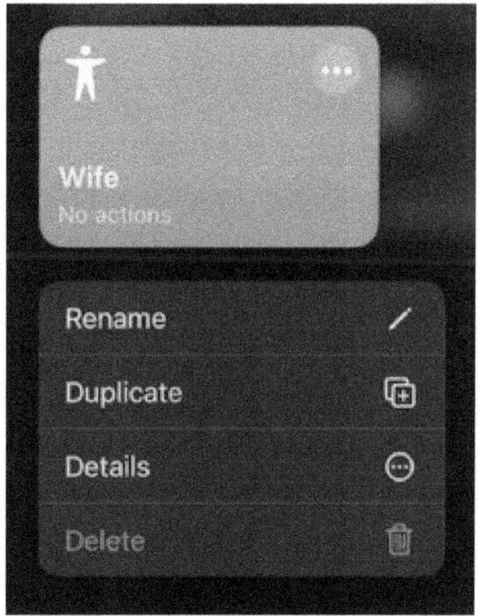

Automatisierung benutzen

Das Hinzufügen einer Automatisierung ähnelt der für Verknüpfungen verwendeten Methode. Wählen Sie "Automatisierung" aus dem
Siri-Kontextmenü. Sie haben zwei Möglichkeiten. Persönliche

Automatisierung und Heimautomation. Die persönliche Automatisierung, ist eine solche, wie Sie auf Ihrem iOS-Gerät verwenden werden kann. Die Hausautomation ist für jeden in Ihrem Haus zugänglich und ideal für den Homepod.

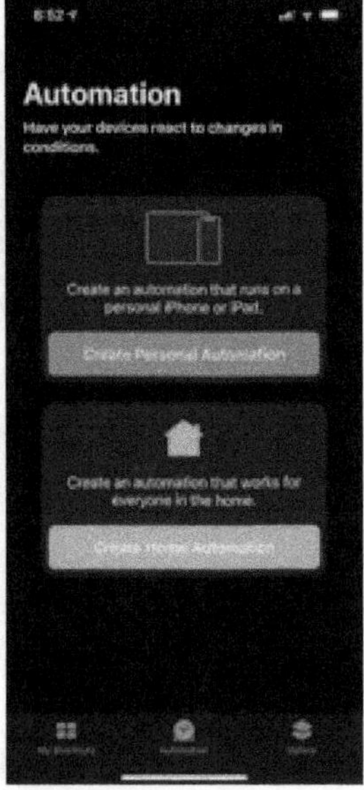

Sobald Sie "Erstellen" ausgewählt haben, werden Ihnen eine Reihe von Vorschlägen angezeigt. Wählen Sie die gewünschten aus und befolgen Sie die entsprechenden Anweisungen.

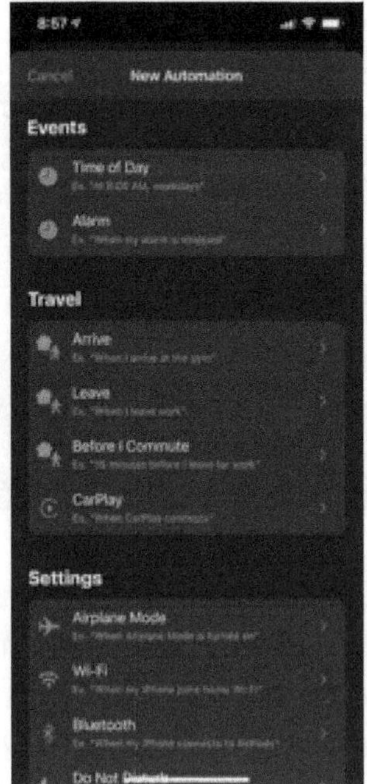

Wischen Sie zum Entfernen der Automatisierung darüber und wählen Sie "Löschen" aus.

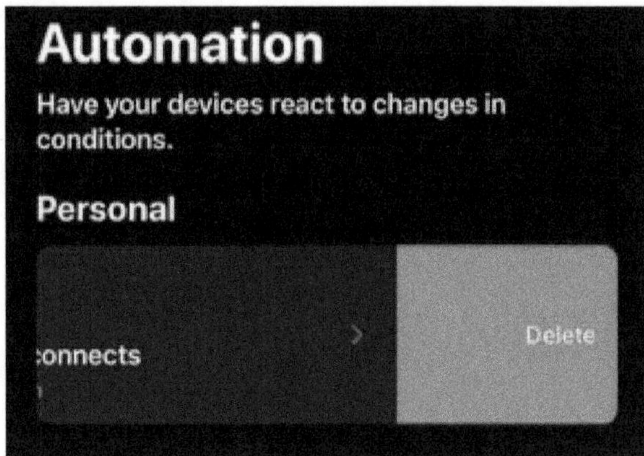

[9]

APPLES SERVICES

Dieses Kapitel beschreibt:
- iCloud
- Apple Arcade
- Apple Music
- Apple TV+
- Apple News
- Apple Card

Früher betrat Apple ein paar Mal im Jahr die Bühne und kündigte ein Gerät an, das wie ein Komet einschlug! Das iPhone! Das iPad! Die Apple Watch! Der iPod!

Das passiert auch heute noch, aber Apple ist sich der Realität sehr bewusst: Die meisten Leute kaufen sich nicht jedes Jahr eine neue Hardware. Wie verdient ein Unternehmen Geld, wenn dem so ist? In einem Wort zusammengefasst: Dienstleistungen.

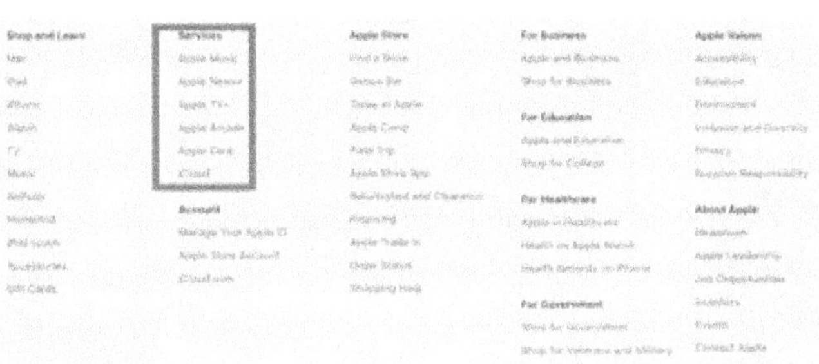

In den letzten Jahren (insbesondere im Jahr 2019) kündigte Apple mehrere Dienste an - Dinge, für die sich die Leute entscheiden würden, monatlich zu zahlen. Dies bot die Möglichkeit, weiterhin Geld zu verdienen, selbst wenn die Leute keine Hardware kauften.

Damit das funktionierte, wusste Apple, dass alles hervorragend sein musste. Sie konnten nicht nur einen unterdurchschnittlichen Service anbieten und erwarten, dass die Leute zahlen, weil Apple draufsteht. Es musste gut sein. Und das ist es auch!

Dieses Buch führt Sie durch diese Dienstleistungen und zeigt Ihnen, wie Sie das Beste aus Ihnen herausholen können.

ICLOUD

iCloud ist etwas, über das Apple nicht viel spricht, aber es ist Ihr vielleicht größter Service. Es wird angenommen, das rund 850 Millionen ihn benutzen. Das komische daran ist, dass viele Menschen nicht einmal wissen, dass Sie ihn benutzen.

Was genau ist es? Wenn Sie mit Google Drive vertraut sind, verstehen Sie das Konzept wahrscheinlich bereits. Es ist ein Online-Schließfach. Aber es ist gleichzeitig mehr als das. Hier können Sie Dateien speichern und alles synchronisieren. Wenn Sie also eine Nachricht auf Ihrem iPhone senden, wird sie auf Ihrem MacBook und iPad angezeigt. Wenn Sie von Ihrem iPad aus an einer Keynote-Präsentation arbeiten, können Sie dort weitermachen, wo Sie auf Ihrem iPhone aufgehört haben.

Was an iCloud noch besser ist, ist, dass es erschwinglich ist. Neue Telefone erhalten 5 GB kostenlos. Von dort aus lautet die Preisspanne wie folgt (beachten Sie, dass sich diese Preise ändern können):
- 50GB: $0.99
- 200GB: $2.99
- 2TB: $9.99

Diese Preise gelten für alle in Ihrer Familie. Wenn Sie also fünf Personen in Ihrem Plan haben, benötigt nicht jede Person ihren eigenen Speicherplan. Dies bedeutet auch, dass Einkäufe gespeichert werden. Wenn ein Familienmitglied ein Buch oder einen Film kauft, kann jeder darauf zugreifen.

iCloud ist mit dem Wachstum der Fotobibliothek noch leistungsfähiger geworden. Früher waren die Fotos relativ klein, aber mit fortschreitenden Kameras nimmt die Fotogröße zu. Die meisten Fotos auf Ihrem Telefon sind mehrere MB groß. iCloud bedeutet, dass Sie die neuesten auf Ihrem Telefon behalten und die älteren in die Cloud stellen können. Dies bedeutet auch, dass Sie sich keine Sorgen machen müssen, dass Sie für das Telefon mit der größten Festplatte bezahlen müssen. Selbst wenn Sie über die größte Festplatte verfügen, besteht die Möglichkeit, dass nicht alle Ihre Fotos darauf passen.

Wo ist iCloud?

Wenn Sie auf Ihr Handy kucken, sehen Sie die iCloud App nicht. Das liegt daran, dass es keine iCloud App gibt. Es gibt mehrere Funktionen in der „Files" App, die wie ein Sicherheitsfach funktionieren.

Um iCloud anzusehen, sollten Sie Ihren Computer Browser auf iCloud.com ausrichten.

Sobald Sie sich angemeldet haben, werden alle in Ihrer Cloud gespeicherten Elemente angezeigt - Fotos, Kontakte, Notizen, Dateien; dies sind alles Dinge, auf die Sie auf allen Ihren Geräten zugreifen können.

Sie können iCloud zusätzlich von jedem Computer aus (sogar PCs) benutzen; das ist besonders hilfreich, wenn Sie den iPhone finden Modus benutzen wollen, welcher nicht nur Ihr iPhone lokalisiert, sondern auch Ihre anderen Applegeräte ausfindig machen kann—Handys, Uhren und sogar AirPods.

Erstellen Sie mit iCloud eine Sicherheitskopie für Ihr Handy

Das erste, was Sie über iCloud wissen sollten, ist, wie Sie Ihre Telefondaten damit absichern können. Dies müssen Sie immer dann tun, wenn Sie von einem Handy auf ein anderes wechseln.

Sollte es auf dem Handy keine iCloud App geben, wird es schwer zu wissen, wie das gehen soll, oder nicht? Es gibt dafür zwar keine native App im traditionellen Sinne, wie Sie es kennen, aber dafür gibt es diverse iCloud Einstellungen in der Einstellungen Applikation.

Öffnen Sie die App „Einstellungen." Oben sehen Sie Ihren Namen und Ihr Profilbild. Tippen Sie darauf.

Dadurch werden meine ID-Einstellungen geöffnet, in denen ich beispielsweise Telefonnummern und E-Mails aktualisieren kann. Eine der Optionen heißt iCloud. Tippen Sie darauf.

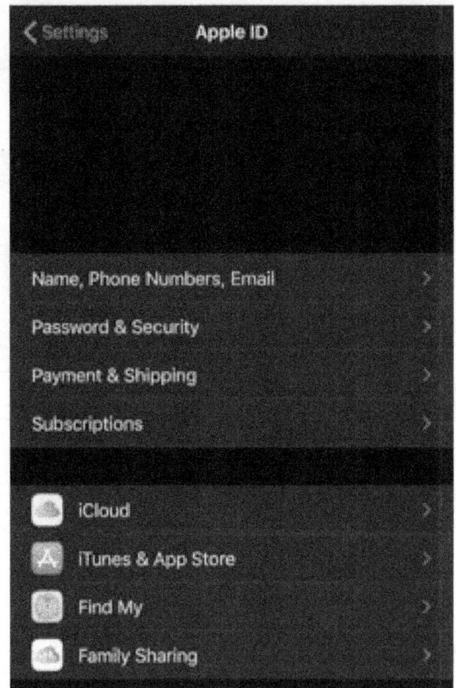

Scrollen Sie ein wenig nach unten, bis Sie zu der Einstellung iCloud Backup gelangen, und tippen Sie darauf.

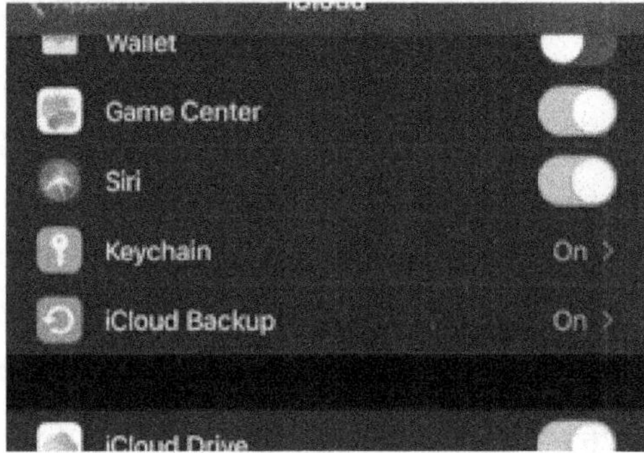

Dies wird wahrscheinlich eingeschaltet sein (der Wechselschalter wird grün angezeigt); Wenn Sie die Dinge lieber manuell ausführen möchten, können Sie sie deaktivieren und dann "Jetzt sichern" auswählen. Wenn Sie hier etwas deaktivieren, müssen Sie jedes Mal eine manuelle Sicherung durchführen.

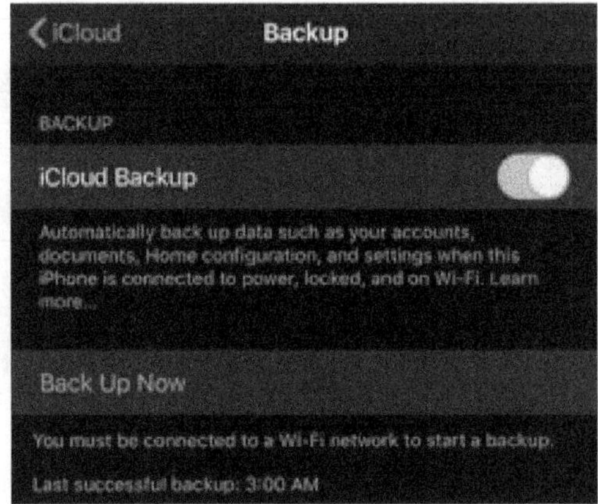

In der iCloud können Sie auch einstellen, welche Apps iCloud benutzen, und sehen, wie viel Speicherplatz Sie noch übrighaben. Ich besitze den 2-TB-Plan uns habe mit allen Mitbenutzern rund die Hälfte davon.

Wenn Sie auf Speicher verwalten tippen, können Sie sehen, wo der Speicherplatz verwendet wird. Sie können Ihr Konto auch von dieser Seite aus aktualisieren oder downgraden, indem Sie auf Speicherplan ändern tippen.

Tippen Sie auf Familiennutzung und Sie können genauer sehen, welche Familienmitglieder was benutzen. Sie können von dieser Seite aus auch das Teilen von Daten beenden.

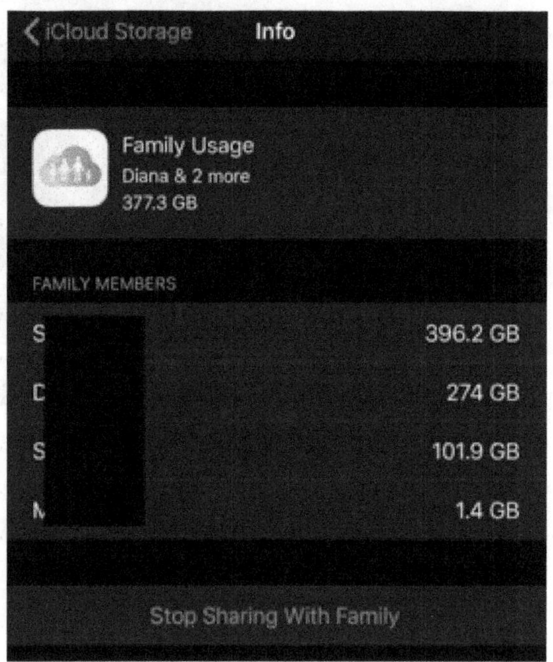

Alles auf ein Neues Gerät bewegen

Wenn Sie ein neues Gerät erhalten, werden Sie während des Set-Ups aufgefordert, sich mit der Apple-ID, die Ihrem vorherigen Gerät zugeordnet ist, anzumelden. Sie werden anschließend die Option zu haben, Dateien von einem vorherigen Gerät aus wiederherzustellen.

Teilen Sie Bilder mit iCloud

Gehen Sie auf Einstellungen > Fotos, um Fotos zu teilen oder mithilfe von iCloud zu speichern, stellen Sie dabei sicher, dass iCloud Fotos auf grün eingestellt ist. Wenn Sie Probleme mit Ihrem Speicherplatz haben, können Sie unten eine Option auswählen, um Ihren Speicherplatz zu optimieren.

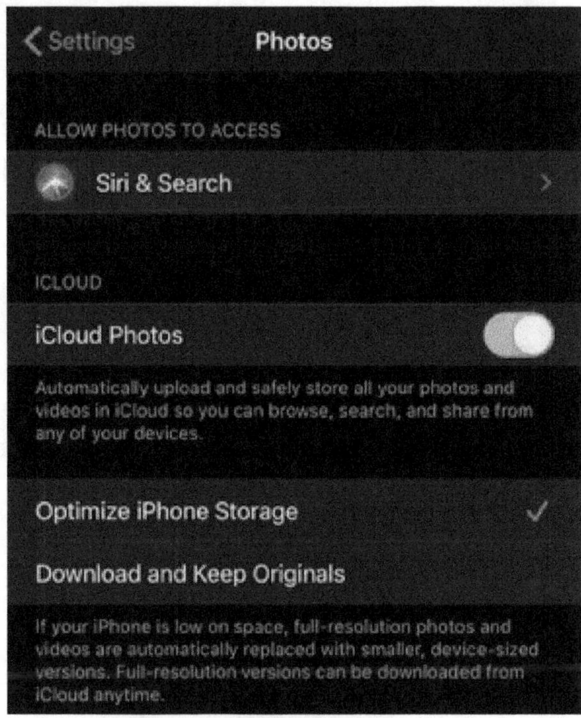

Dateien App

Öffnen Sie die Dateien-App, um Ihre Cloud-Dateien anzusehen.

Das erste was Sie sehen, sind Ihre zuletzt benutzten Dateien.

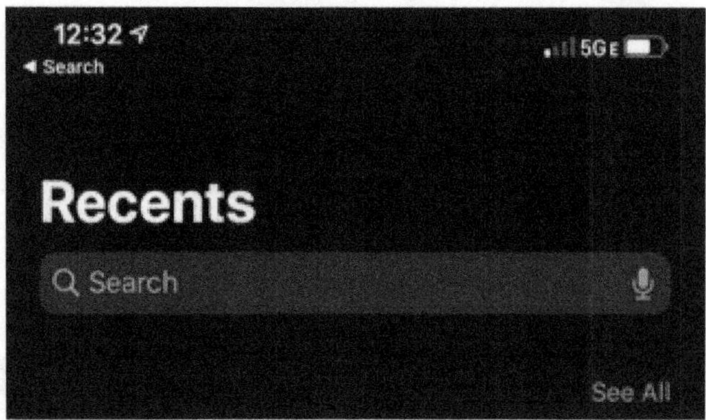

Falls Sie das, wonach Sie suchen, nicht sehen können, gehen Sie auf die unteren Registerkarten und wechseln Sie vom kürzlich benutzt Bereich auf "Durchsuchen".

Dies öffnet einen etwas traditioneller aussehenden Datei-Explorer.

Wenn Sie einen neuen Ordner erstellen, eine Verbindung zu einem Server herstellen, oder ein Dokument scannen möchten, tippen Sie auf die drei Punkte in der oberen linken Ecke, um Ihre App-Optionen zu öffnen.

Mit „Dokumente scannen" können Sie Ihre Kamera wie einen herkömmlichen Flachbettscanner zum Scannen und Drucken von Dokumenten verwenden.

Sie können auf „Nach Namen sortieren" tippen, um die Reihenfolge, nach der die Dateien sortiert sind, zu verändern.

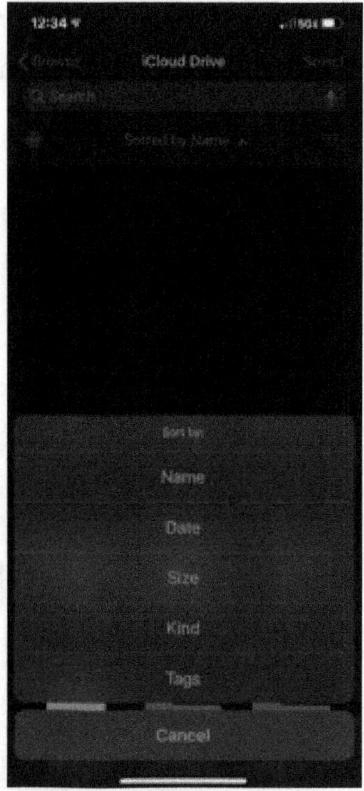

iCloud Einstellungen

Eine weitere wichtige Ansammlung von iCloud-Einstellungen befindet sich unter Einstellungen> Allgemeines> iPhone-Speicher.

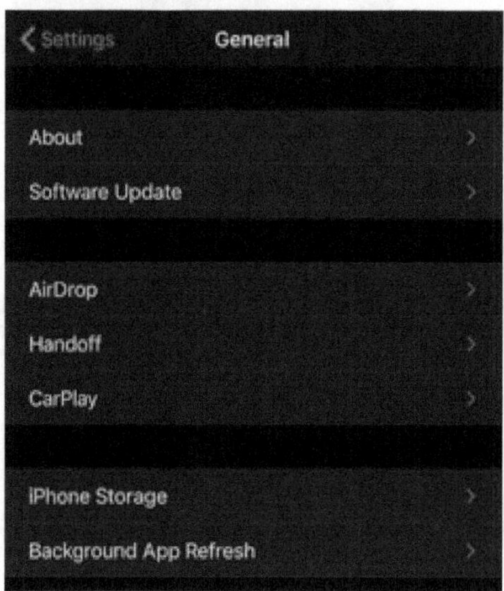

Wenn Sie darauf tippen, wird Ihnen angezeigt, wie viele Speicherplatz Apps verwenden, und verbessernde Empfehlungen abgegeben.

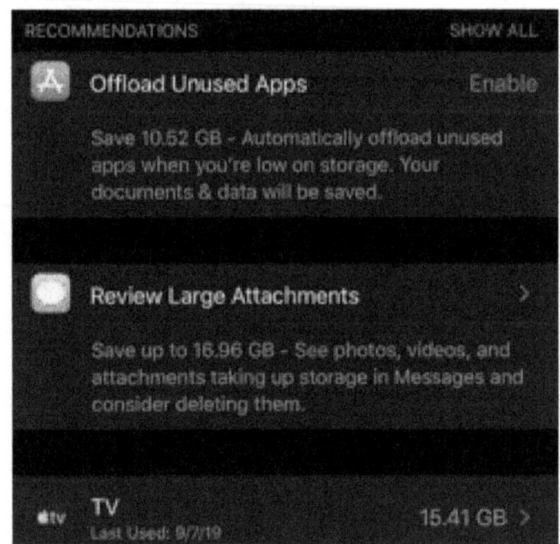

APPLE ARCADE

Apple Arcade kann wie Netflix für Spiele beschrieben werden. Das kostet 4,99 US-Dollar pro Monat (es fallen keine extra Kosten für Familienmitglieder an – teilen Sie dies kostenlos mit bis zu fünf Familienmitgliedern)

Für den Preis haben Sie Zugriff auf über 100 Spiele. Im Gegensatz zu einigen Streaming-Diensten, bei denen Sie die Spiele online spielen müssen, können Sie mit Apple Arcade auch Spiele herunterladen, um sie offline zu spielen. Sie können sie auf allen Apple-kompatiblen Geräten abspielen: iPhone, iPad und Apple TV. Wenn Sie aufhören, auf Ihrem Handy zu spielen, können Sie an der entsprechenden Stelle auf dem Fernseher oder iPad weiterspielen.

Es gibt keine Werbung, und Sie können die Funktion auch mit Kindersicherung verwenden.

Wie Sie sich Anmelden

Apple Arcade ist keine App, sondern ein Service. Sie laden nur das herunter, was Sie wollen. Melden Sie sich an, indem Sie den App Store besuchen und auf Arcade tippen. Dies bringt Sie zum Hauptmenü von Arcade, wo Sie sich dann nur noch mit einer Kindersicherung anmelden müssen.

Sobald Sie sich angemeldet haben, wird ein Begrüßungsmenü angezeigt.

Das Arcade Menü ist neuerdings durch Spiele, die Sie herunterladen
können, ersetzt worden. Tippen Sie auf Herunterladen, wenn Sie ein
Spiel haben wollen. Alles kostet nur $4.99—und ist keine App.

Wenn Sie sich eine Spielbeschreibung durchlesen, sollten Sie auf die App Größe achten; wenn Sie nur begrenzte mobile Daten haben, sollten Sie alles über das W-Lan herunterladen.

Die App sieht wie jede andere App auf Ihrem Handy aus. Der einzige Unterschied ist der "Splash Screen", auf dem "Arcade steht.

Das Arcade Abonnement beenden

Alle Abonnements werden auf die gleiche Art beendet. Gehen Sie im App Store zu Ihrem Account und tippen sie dann auf Ihre Abonnements.

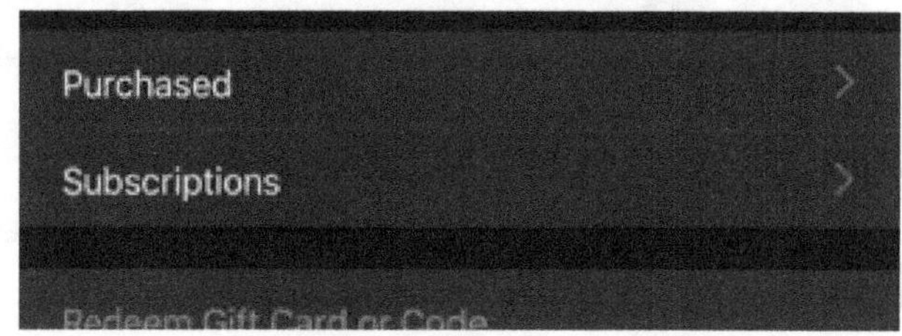

Dies zeigt Ihnen alle Ihre aktiven Abonnements, einschließlich Apple Arcade .

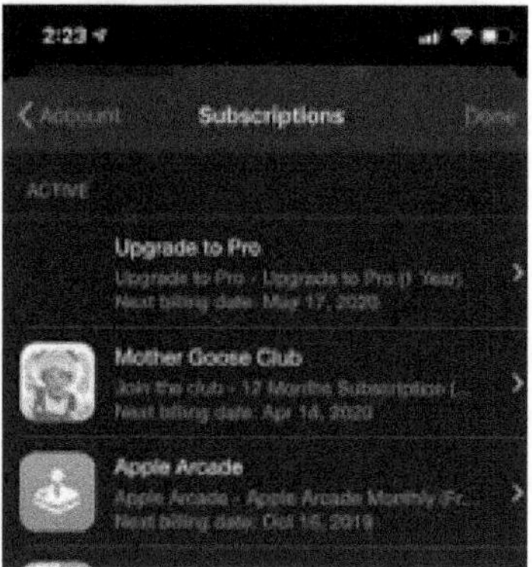

Sobald Sie daraufklicken, gibt es unten eine Option zum Abbrechen.

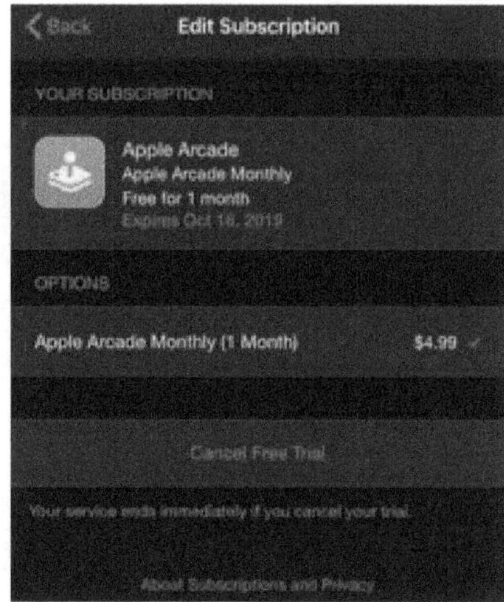

Sie erhalten eine Benachrichtigung, dass alle Ihre Spiele nach Ablauf Ihres Abonnements gelöscht werden (Hinweis: Diese läuft am ursprünglichen Ablaufdatum ab - nicht an dem Tag, an dem Sie kündigen).

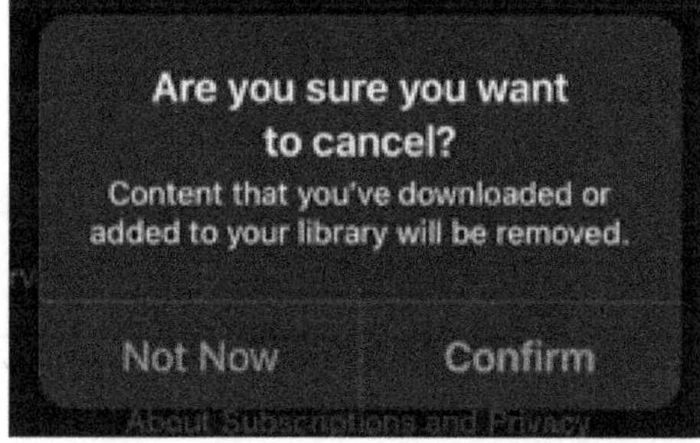

Unter Abonnementdetails erfahren Sie jetzt, wann das Abonnement gekündigt wurde.

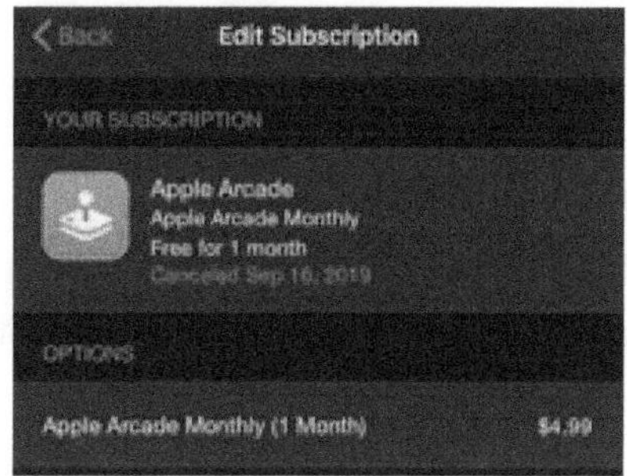

APPLE TV+

Apple hat schon seit einiger Zeit still und heimlich an einem Fernsehservice gearbeitet. Im Jahr 2019, enthüllten Sie endlich die Details. Dieser kostet $4.99 im Monat (er ist beim Kauf eines iPhones, iPads, einer Apple Watch, oder eines Macs kostenlos dabei—dies kann sich in Zukunft aber ändern), und war ab dem ersten November erstmals verfügbar.

Rufen Sie die TV-App auf, um eine dieser Shows anzusehen. Diese ist für Apple TV, iPad und iPhone verfügbar. Sie erinnert sich an den Ort, an dem Sie auf dem Gerät pausiert hatten, und Sie können dort weiterschauen, wo Sie auf einem anderen aufgehört haben.

Weil es sich hier um ein anderes Format handelt, könnten sich die Dinge in Zukunft ändern, aber zu dem Zeitpunkt, zu dem dieses Buch geschrieben wurde, waren die unten aufgeführten TV-Serien verfügbar:

Dramas
- Amazing Stories (Science Fiction / Anthologie)
- Defending Jacob (Krimi Drama)
- For All Mankind (Science Fiction / Alternative Geschichte)
- Home Before Dark (Mystery)
- The Morning Show (Drama)
- See (Science Fiction)
- Servant (Thriller)
- Tehran (Thriller)
- Truth Be Told (Legales Drama)

Komödien
- Dickinson (Zeitkomödie)
- Ghostwriter (Familie / Mystery)
- Little America (Anthologie)
- Little Voices (Musik / Komödie)
- Mythic Quest: Raven's Banquet (Arbeitsplatz Komödie)
- Ted Lasso (Sport Komödie)
- Trying (Romantische Komödie)
- Central Park (Animierte Komödie)

Für Kinder

- Doug Unplugged
- Fraggle Rock: Rock On!
- Helpsters
- Helpsters Help You
- Snoopy In Space
- Stillwater

Kurierte Filme
- The Banker (Drama)
- Greyhound (Krieg)
- Hala (Drama)
- On the Rocks (Drama)

Dokuserien
- Becoming You
- Dear...
- Earth At Night In Color
- Greatness Code
- Home
- Long Way Up
- Oprah's Book Club / The Oprah Conversation
- Tiny World
- Visible: Out On Television

Dokumentationen
- Beastie Boys Story
- Boys State
- Dads
- The Elephant Queen

Mehr Serien und Filme werden monatlich hinzugefügt und die Serien werden durch zukünftige Staffeln erweitert, also ist zu erwarten, dass sich dieser Bereich schnell verändert.

APPLE MUSIC

Apple Music ist Apples Musik Streaming Service.

Die meisten Menschen fragen sich, was besser ist: Spotify oder Apple Music? Es ist schwer zu sagen. Beide haben die gleiche Menge an Songs, und sie kosten beide das gleiche ($9.99 im Monat, $5 für Studenten, $14.99 für Familien).

Es gibt wirklich keinen klaren Gewinner. Am Ende hängt alles von Ihren Präferenzen ab. Spotify hat einige gute Funktionen—wie etwa einen durch Werbung unterstützten, kostenlosen Plan.

Eine der herausstechenden Funktionen von Apple Music ist iTunes Match. Wenn Sie wie ich sind und eine große Sammlung von Audiodateien auf Ihrem Computer haben, werden Sie iTunes Match lieben. Apple legt diese Dateien in der Cloud ab und Sie können sie auf jedem Ihrer Geräte streamen. Diese Funktion ist auch dann verfügbar, wenn Sie Apple Music für 25 US-Dollar pro Jahr nicht haben.

Apple Music geht auch gut in Verbindung mit anderen Apple-Geräten. Wenn Sie also ein Apple-Haus sind (d. H. Alles, was Sie besitzen, von intelligenten Lautsprechern bis hin zu TV-Medienboxen, hat das Apple-Logo), ist Apple Music wahrscheinlich das Beste für Sie.

Apple ist mit anderen intelligenten Lautsprechern kompatibel, wurde jedoch entwickelt, um auf den Eigengeräten zu glänzen.

Ich werde Spotify an dieser Stelle nicht ansprechen, würde Ihnen aber empfehlen, beides auszuprobieren (in dem Sie die kostenlosen Testversionen benutzen) um zu sehen, welcher Anbieter Ihnen lieber ist.

Ein Schnellkurs für Apple Music

Bevor Sie sich mit Apple Music befassen, sollten Sie beachten, dass Sie jetzt auch über Ihren Webbrowser (in Beta-Form) auf Apple Music zugreifen können: http://beta.music.apple.com.

Es ist auch erwähnenswert, dass ich eine kleine Tochter habe und nicht viel "erwachsene" Musik anhören kann, daher werden die folgenden Beispiele viel Kindermusik anzeigen!

Die Hauptnavigation von Apple Music befindet sich im unteren Bereich. Sie können aus fünf Basismenüs auswählen:

- Bibliothek
- Für Sie
- Browsing
- Radio

- Suche

Bibliothek

Wenn Sie Wiedergabelisten erstellen oder Songs oder Alben herunterladen, finden Sie diese hier.

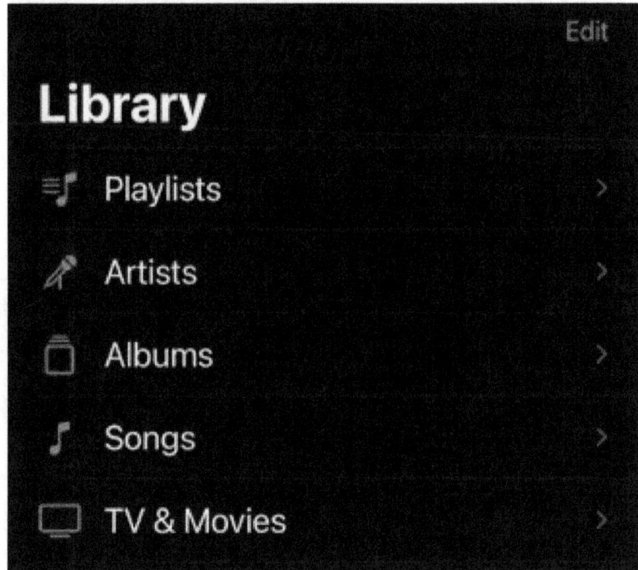

Sie können die Kategorien, die in dieser ersten Liste angezeigt werden, ändern, indem Sie auf Bearbeiten tippen und dann die gewünschten Kategorien abhaken. Stellen Sie sicher, dass Sie auf Fertig klicken, um Ihre Änderungen zu speichern.

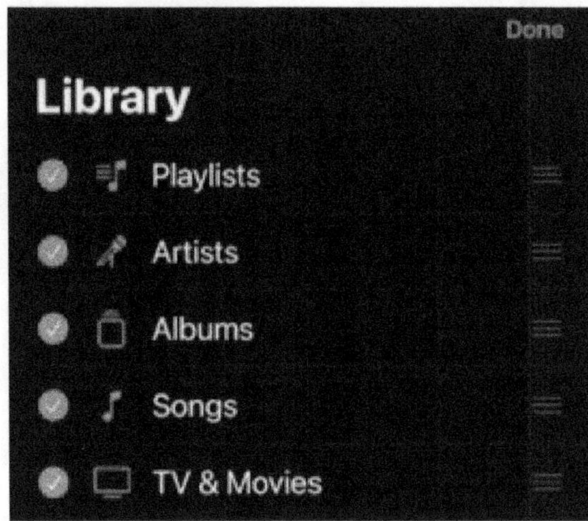

Wenn Sie auf die Wiedergabeliste, die Sie abspielen möchten, tippen, können Sie sie auch mit Ihren Freunden teilen, indem Sie auf die drei Punkte tippen, die das Optionsmenü anzeigen, und dann auf „Wiedergabeliste freigeben" tippen.

Jetzt Anhören

Während Sie Musik abspielen, lernt Apple Music Sie immer besser kennen. Es gibt Empfehlungen basierend auf dem, was Sie sich anhören. Unter „Jetzt Anhören" können Sie eine Mischung aus all diesen Songs aufrufen und sich andere Empfehlungen anzeigen lassen.

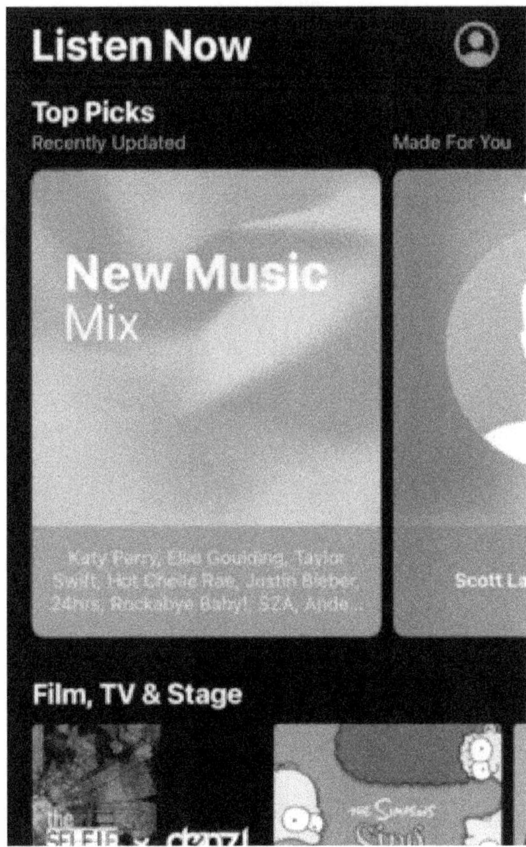

Neben verschiedenen den Musikstilen gibt es auch Empfehlungen von Freunden, sodass Sie neue Musik entdecken können, basierend auf dem, was Ihre Freunde hören.

Browsen

Sie suchen nicht nach Empfehlungen? Sie können im Browser Menü nach Genres suchen. Zusätzlich zu den Genre Kategorien können Sie einsehen, welche Musik neu ist und welche Musik beliebt ist.

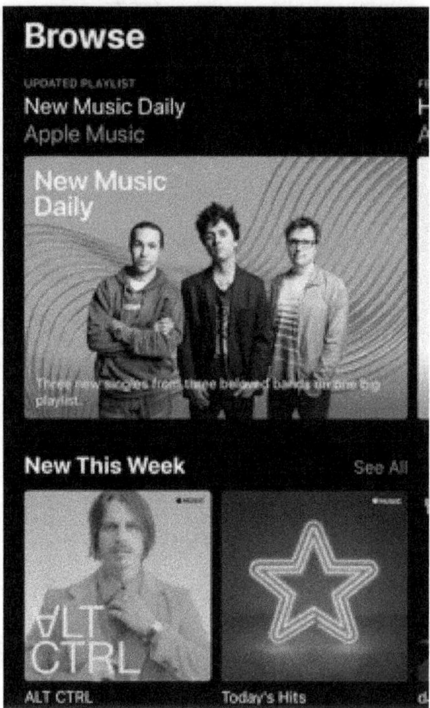

Radio

Radio ist Apples Version von AM/FM; Beats One ist der Hauptsender. Es gibt on-Air DJs und alles andere, was man von einer Radio Station erwarten kann.

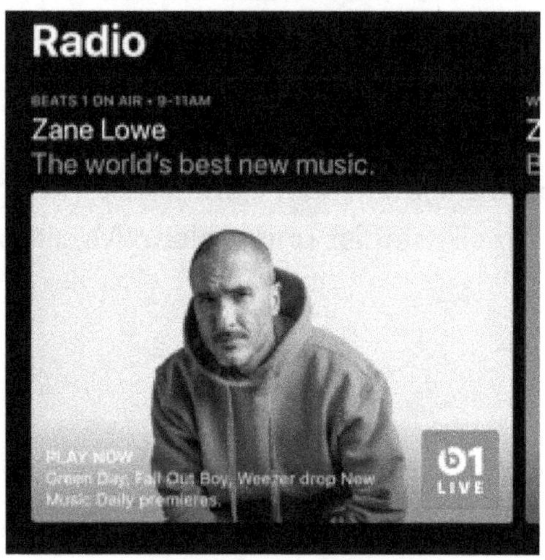

Während Beats One Apples Flaggschiff ist, ist sie nicht die einzige Station. Sie können nach unten scrollen und unter Mehr auf Radiosender tippen, um mehrere andere Sender durchzusehen und zu erkunden, die nach Musikstilen basieren geordnet sind (z. B. Country, Alternative, Rock usw.). In diesem Menü finden Sie auch eine Handvoll Talk-Stationen, die sich mit Nachrichten und Sport befassen. Erwarten Sie nicht, dass Sie hier das Meinungsbildungsradio finden, das Sie möglicherweise im regulären Radio hören – die Shows sind nicht sehr kontrovers.

Suchen

Die letzte Option ist das Such Menü, und das erklärt sich eigentlich von selbst. Geben Sie das, wonach Sie suchen wollen, ein (wie etwa den Interpreten, das Album, das Genre und so weiter).

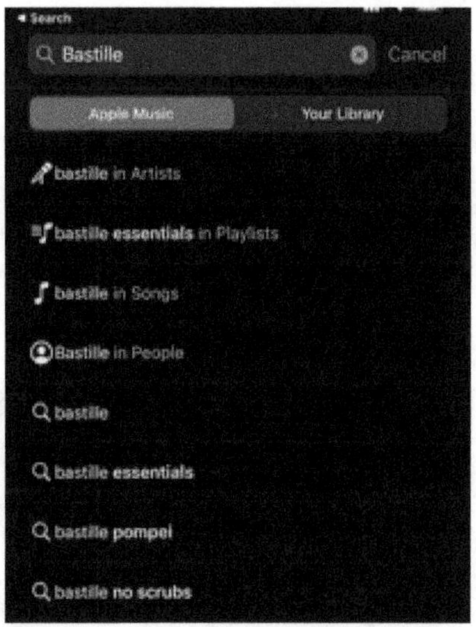

Hören Sie sich Musik an und Erstellen Sie eine Playlist

Sie können auf die Musik, die Sie sich gerade anhören vom unteren Bildschirmbereich auszugreifen.

So wird das, was Sie sich anhören, im Vollbildmodus mit mehreren Optionen angezeigt.

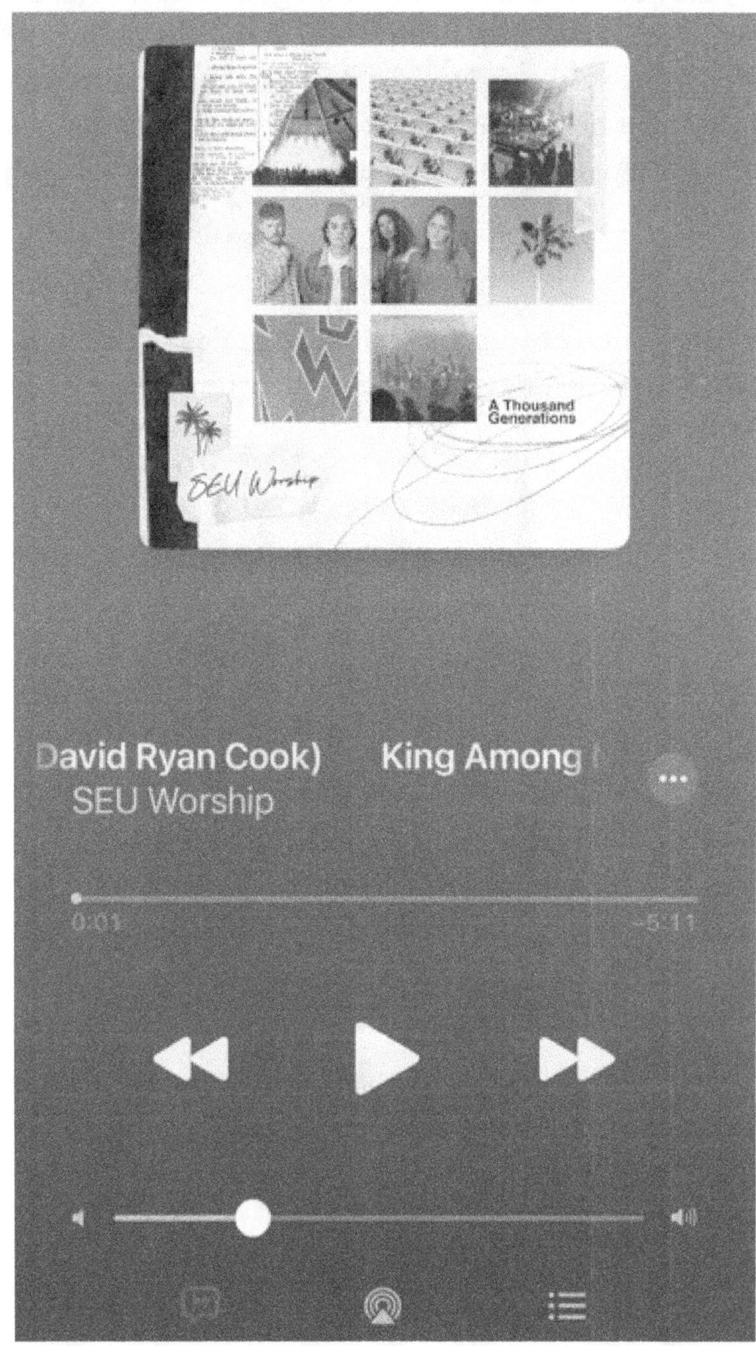

Die Tasten für Wiedergabe, Zurück / Vorwärts und Lautstärke sind ziemlich leicht zu verstehen. Die Schaltflächen darunter sehen möglicherweise neu aus.

Die erste Option ist für Liedtexte. Wenn das Lied angehalten wird, können Sie sich die Texte durchlesen. Wenn das Lied abgespielt wird, werden die Texte zu dem gerade abgespielten Lied fett gedruckt. Wenn Sie sich jemals gefragt haben, ob ein Sänger "dense" oder "dance" sagt, kann Ihnen die Funktion endlich alles klar machen.

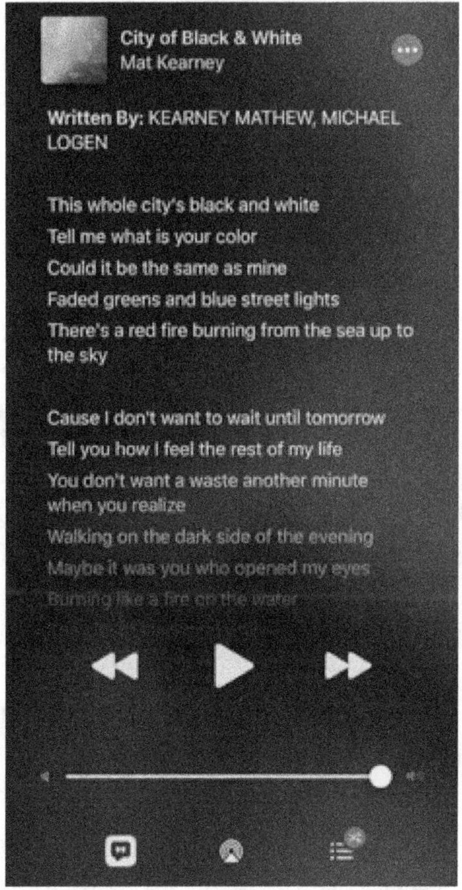

Die mittlere Option erlaubt es Ihnen sich auszusuchen, wo Sie die Musik abspielen möchten. Wenn Sie beispielsweise einen HomePod haben und die Musik von diesem Gerät drahtlos hören möchten, können Sie hier den Ausgang wechseln.

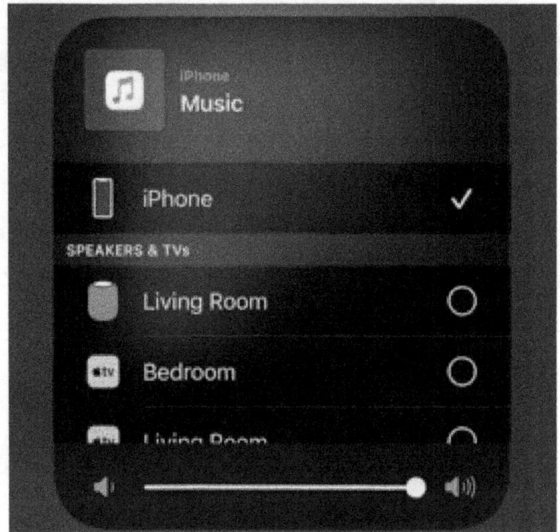

Die letzte Option zeigt Ihnen die nächsten Songs in der Wiedergabeliste an.

Falls Sie einen Song einer Wiedergabeliste hinzufügen wollen, klicken Sie einfach auf die drei Punkte neben dem Album/dem Namen des Künstlers. Dies ruft mehrere Optionen auf (Sie können hier auch einen Song als beliebt oder unbeliebt markieren – das hilft Apple Music zu verstehen, was Sie gerne mögen); die Option, die Sie wählen sollten, lautet zu der Wiedergabeliste hinzufügen. Wenn Sie noch keine Wiedergabeliste haben, oder Sie Ihn einer neuen hinzufügen wollen, können Sie diese hier erstellen.

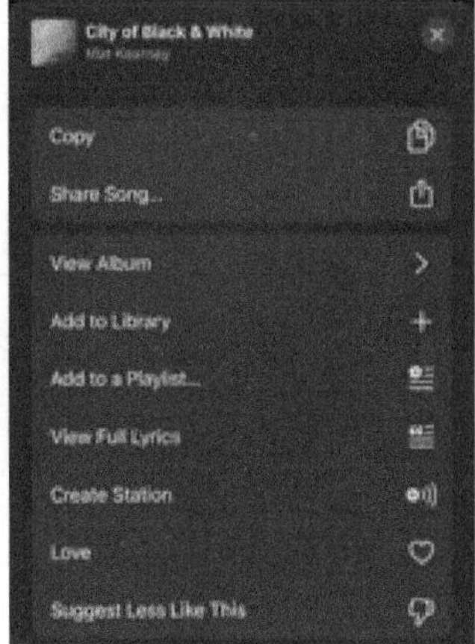

Sie können jederzeit auf den Namen des Interpreten gehen, um all dessen Musik zu sehen.

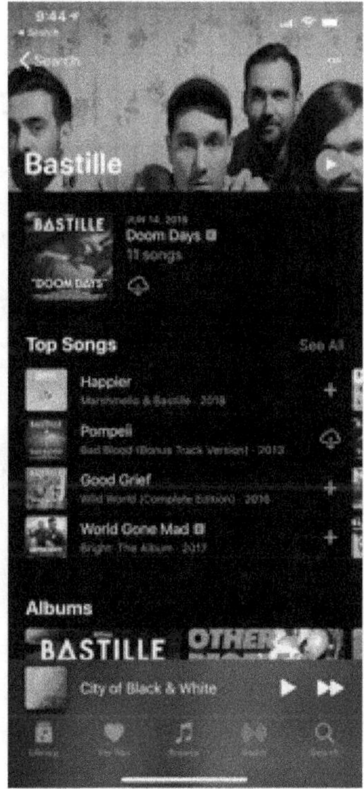

Zusätzlich zu der Ansicht von Informationen über die Band und deren beliebtesten Alben, können Sie sich eine Wiedergabeliste mit deren beliebtesten Songs oder aus Bands, auf die sie einen Einfluss hatte, erstellen lassen.

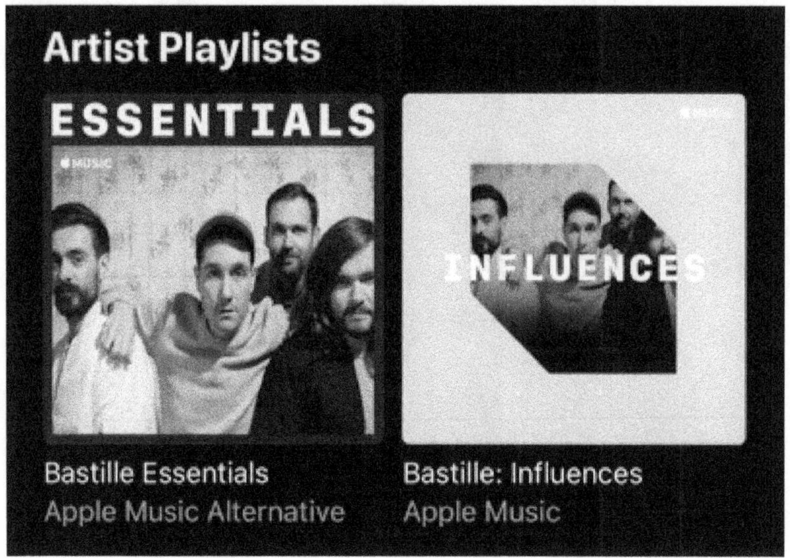

Wenn Sie nach unten scrollen, können Sie sich auch ähnliche Künstler ansehen. Dies bietet eine großartige Möglichkeit, neue Bands zu entdecken, die denen ähneln, die Sie derzeit gerne hören.

Tipps, um das Beste aus Apple Music zu machen

Mit einem Herzen reagieren

Mögen Sie das, was Sie hören gerne? Reagieren Sie mit einem Herzen! Hassen Sie es? Markieren Sie es als nicht beliebt. Apple lernt Sie über das, was Sie sich anhören kennen aber es verbessert seine Richtigkeit, wenn Sie ihm mitteilen, was Sie von einem Song, den Sie lieben wirklich halten...oder wenn Sie einen Song so richtig hassen.

Einstellungen benutzen

Einige der Ressourcen sparensten Funktionen von Apple Music finden sich nicht über Apple Music—Sie befinden sich in Ihren Einstellungen.

Öffnen Sie die App für Einstellungen und scrollen Sie nach unten zur Musik.

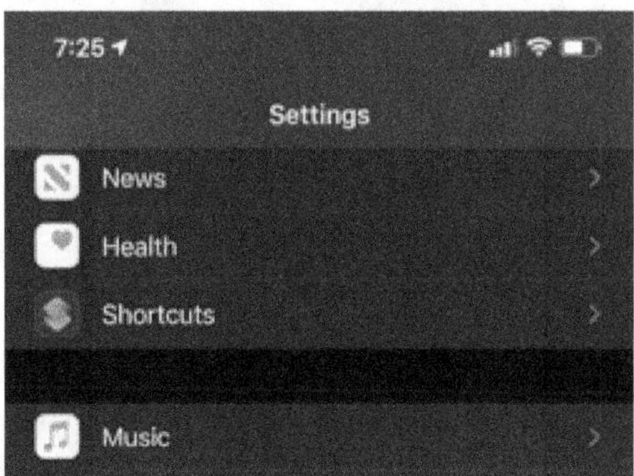

Es gibt hierbei einige Dinge zu beachten.

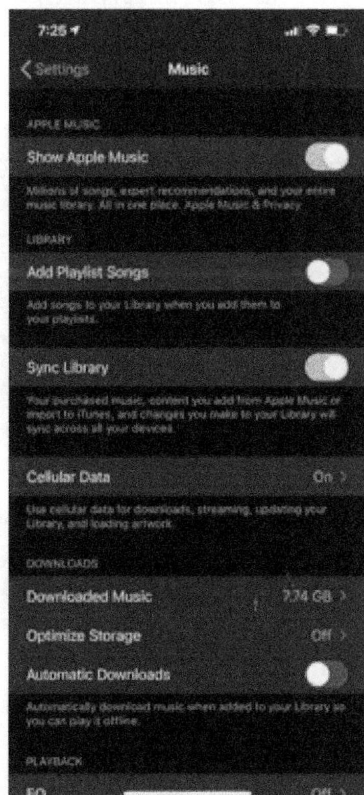

Dies finden Sie unter den Zellulären Daten. Tippen Sie darauf, um die Option zum Streamen in hoher Qualität zu sehen, Sie können dies hier aus und anstellen. Falls Sie die bestmögliche Qualität auch unter der mobile Datennutzung noch haben wollen, wählen Sie die entsprechende Option aus.

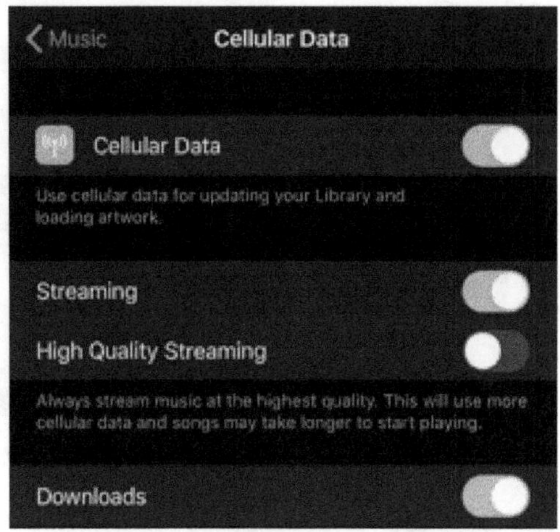

Gehen Sie als Nächstes auf Speicherplatz optimieren. Falls Ihnen der Platz zu knapp wird sollten Sie sicherstellen, dass Sie diese Funktion ausstellen.

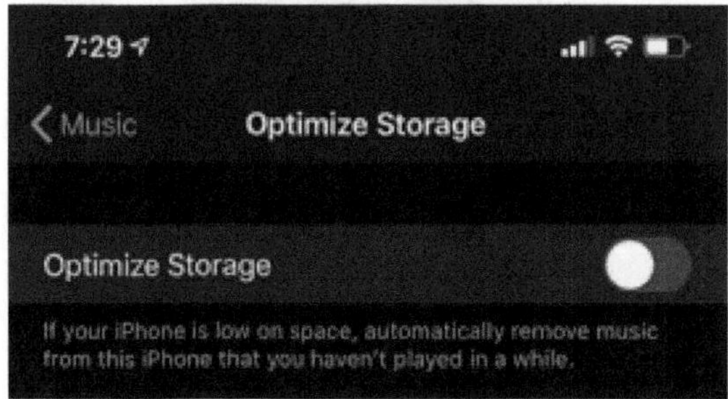

Wenn Sie die Art und Weise, wie die Musik klingt, also zum Beispiel den Bass verstärken oder verringern, wollen, gehen Sie in den Einstellungen zu EQ.

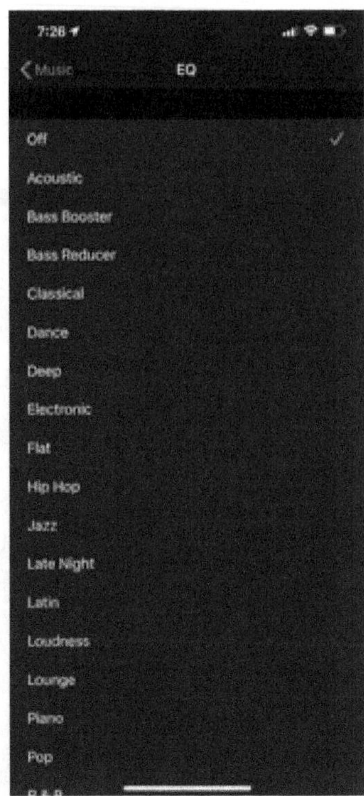

Musik herunterladen

Wenn Sie sich unterwegs nicht auf die Internetverbindung verlassen möchten, tippen Sie auf Cloud auf Musik, um die Musik lokal auf Ihr Telefon herunterzuladen. Wenn Sie keine Cloud Option sehen, fügen Sie diese Ihrer Bibliothek hinzu, indem Sie auf das Plussymbol tippen. Dadurch sollte eine Cloud hinzugefügt werden.

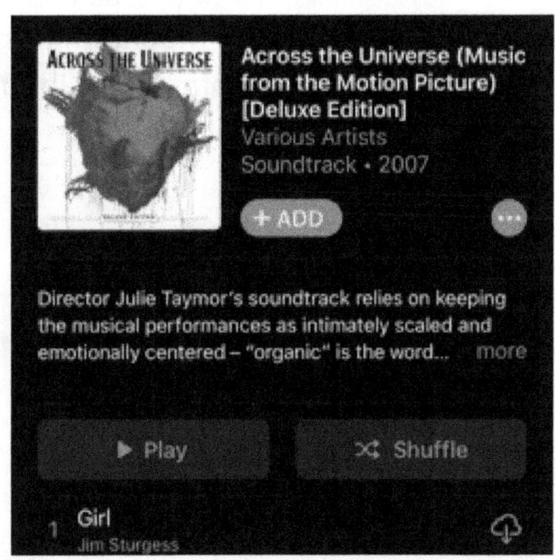

Hey, Siri

Siri kennt sich mit Musik aus! Sagen Sie "Hey Siri" und teilen Sie ihr dann mit, was Sie hören möchten, dann macht die KI sich an die Arbeit.

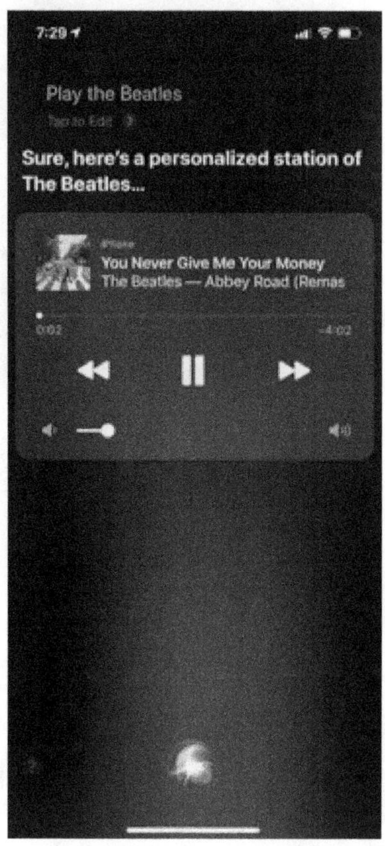

Mit Musik geweckt werden

Wenn Sie zu einem Lied aufwachen möchten, anstatt mit dem standardmäßigen summenden Geräusch, öffnen Sie Ihren Wecker auf dem Handy. Tippen Sie anschließend auf "Sound".

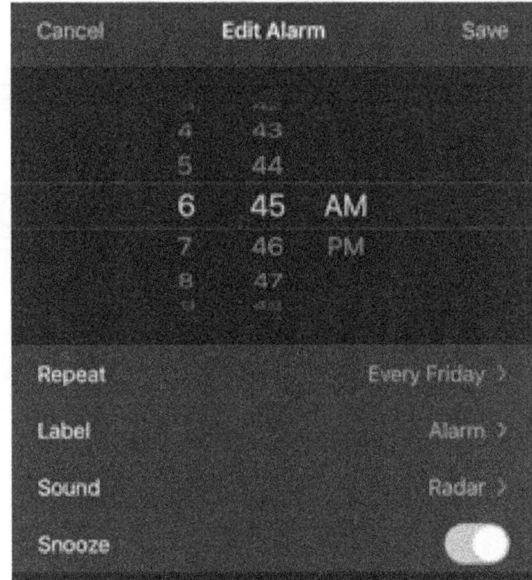

Klicken Sie von da auf "Song auswählen."

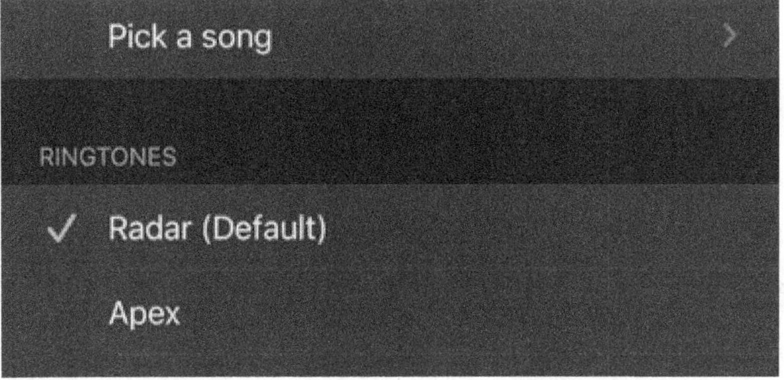

Wählen Sie schließlich Ihre Musik aus.

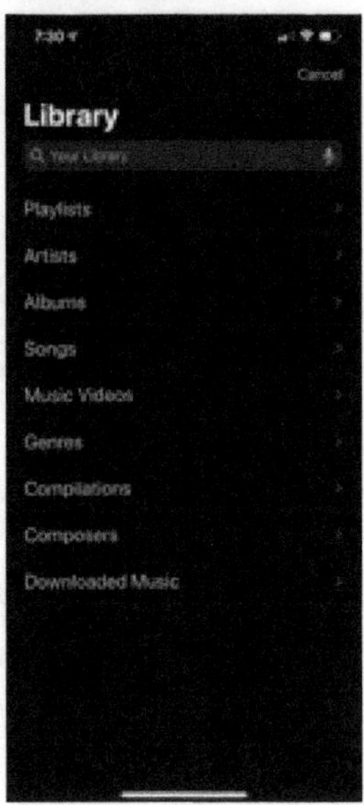

APPLE NEWS+

Im Jahr 2012 mischte eine kleine App mit großen Ambitionen namens „Next" (später in Textura geändert) die Zeitschriftenbranche auf,
indem sie das Netflix der Magazine erstellte. Zu einem günstigen Preis
konnten Sie Hunderte von Zeitschriften lesen (einschließlich der früheren Ausgaben). Dies waren keine kleinen Indie-Magazine, sondern die
ganz großen: People, Time, Wired und viele weitere.

Apple wurde darauf aufmerksam und erwarb das Unternehmen im
Jahre 2018. So konnte man das Zeichen der Zeit klar erkennen: Apple
wollte in die Druckerbranche einsteigen.

Im Jahr 2019 wurde bekannt gegeben, dass Textura geschlossen
werden sollte, da Apple einen neuen Dienst namens News + veröffent-
lichen wollte. News + kann alles, was Textura auch konnte, schloss zusätzlich aber auch Zeitungen (Los Angeles Times und The Wall Street
Journal) mit in den Dienst ein. Es gibt eine kostenlose Version des
Dienstes, die Nachrichten für Sie kuratiert. Die bezahlte Version, die
die Zeitschriftenabonnements mit enthält, kostet 9,99 USD. (Sie können fünf Familienmitglieder mit in Ihrem Plan haben.)

Was Apple News wirklich auszeichnet, ist, dass es für Sie und Ihren
Geschmack personalisierte Vorschläge heraussucht. Wenn Sie andere
Familienmitglieder mit in Ihrem Plan haben, erhalten diese jemals die
für ihren Geschmack angepassten Vorschläge, die Ergebnisse basieren
immer auch dem persönlichen Geschmack des Benutzers. Wenn Sie

also ein Familienmitglied haben, das Unterhaltungsnachrichten liebt und sie selbst bevorzugen Gamingartikel, können Sie beide nur Ihre jeweils eigenen Präferenzen einsehen.

Apple News Schnellkurs

Öffnen Sie zunächst die Nachrichten-App auf Ihrem Handy (falls diese nicht auf Ihrem Telefon vorhanden ist, können sie sie kostenlos aus dem App Store herunterladen).

Die Benutzeroberfläche für die App ist ziemlich einfach aufgebaut. Unten gibt es drei Menüoptionen:

Today–Hier finden Sie Ihre kuratierten Nachrichten

News+—Dort finden Sie Magazine

Verfolgen—Hier haben Sie die Möglichkeit, Ihre Interessen zu ändern und sie können aufhören bestimmte Nachrichten zu verfolgen.

Today

Das Today Menü zeigt Ihnen alle Ihre Nachrichten an, (beginnend im oberen Teil, wo sich die Top News/ Eilmeldungen finden) und Sie können bequem durch die Auswahl scrollen.

Die App verlässt sich viel auf Gestik. Wischen Sie über einem Artikel oder einer Überschrift nach links, um die Option zu haben, mehr ähnliche Stories zu lesen, Sie können hier auch Teilen, oder den Artikel für später speichern.

Wischen Sie über einem Artikel nach rechts und Sie haben die Möglichkeit, diesen als nicht erwünscht zu kennzeichnen (sodass keine ähnlichen Geschichten mehr angezeigt werden) oder Sie können ihn als unangebracht melden. In der Regel bedeutet das Anzeigen in einer Nachrichten-App, dass Sie Artikel dieser Natur als unangemessen empfinden. Das trifft hier zu, aber es gibt andere Gründe, etwas zu melden - zum Beispiel ein falsches Datum, etwas, dass in die falsche Kategorie sortiert ist, ein defekter Link oder etwas anderes.

Wenn Sie nach unten scrollen, werden Sie anfangen, verschiedene Kategorien zu sehen (Wie etwa die "Trending Stories" wie im Beispiel unten); wenn Sie auf die drei Punkte mit dem Kreis tippen, haben Sie die Option es zu blocken, sodass es nicht länger in Ihrem Feed erscheint.

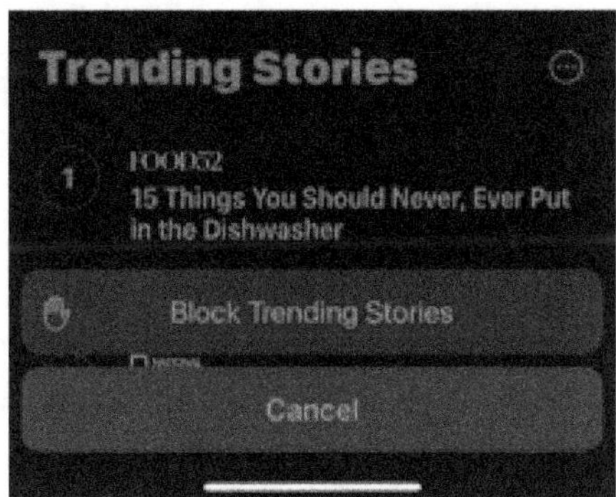

Wenn Sie auf den Bildschirm tippen, um einen Artikel zu lesen, gibt es nur wenige Optionen. Oben können Sie den Text vergrößern oder verkleinern. Daneben gibt es die Möglichkeit, die Geschichte mit Freunden zu teilen (unter der Voraussetzung, dass diese Apple News haben). Um zum nächsten Inhalt zu gelangen, gibt es eine entsprechende Option in der unteren rechten Ecke (oder wischen Sie von der rechten Ecke des Bildschirms aus nach links). Um zur vorherigen Seite zurückzukehren, tippen Sie auf den Zurückpfeil in der oberen linken

Ecke oder wischen Sie von der linken Seite des Bildschirms aus nach rechts.

Eine häufige Kritik an Apple News war die Benutzeroberfläche; als Apple den Dienst zusammen mit seiner Partnerschaft mit der Los Angeles Times und dem Wall Street Journal ankündigte, erwarteten viele ein Format, das dem ähnelt, was sie in der Zeitschriftenabteilung gesehen hatten - ein vollständiges Layout, das dem Stil einer Zeitung ähnelt.

Schlimmer noch, viele wussten nicht einmal, wie sie die Zeitungen finden konnten. Und wenn sie sie gefunden hatten, wussten Sie nicht, wie man nach Artikeln sucht. Obwohl die App ziemlich gut aufgebaut ist, handelt es sich um ein noch junges Produkt und einige der gewünschten Funktionen sind möglicherweise noch nicht vorhanden.

Mit der Information im Hinterkopf sollten Sie wissen, dass Sie die Los Angeles Times (oder jede andere Zeitung in Apple News) auf traditionellere Weise „lesen" können. Suchen Sie zunächst einen Artikel in Ihrem Feed aus einer Publikation aus, von der Sie mehr sehen möchten, und klicken Sie dann oben in dem Artikel auf den Namen der Redaktion.

Dadurch wird die Veröffentlichung zusammen mit allen Themen aus dieser Veröffentlichung angezeigt.

Wenn Sie nach einer bestimmten Geschichte oder Veröffentlichung suchen möchten, gehen Sie zu dem Tab am unteren Bildschirmrand und tippen Sie auf Folgen. Suchen Sie dann nach dem, was Sie finden möchten.

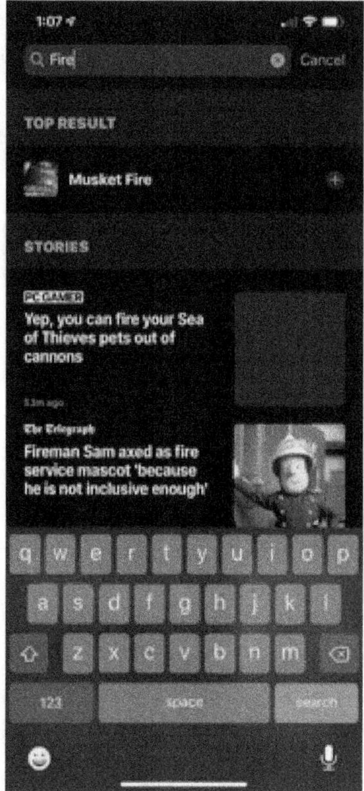

Verfolgen

Da wir gerade von der Folgen-Option sprechen, sollten wir kurz mehr darüber reden und dann zum Thema News+ im mittleren Tab zurückkehren.

Hier können Sie Ihre vorherigen Inhalte anzeigen lassen, gespeicherte Artikel (wie oben angegeben) lesen, nach Artikeln und Veröffentlichungen suchen und Themen verfolgen, oder damit aufhören sie zu verfolgen.

Um einer Kategorie nicht mehr zu folgen, müssen Sie einfach nur darüberwischen oder auf den roten Button tippen.

Scrollen Sie ein wenig nach unten, um eine neue Kategorie hinzuzufügen. Sie sehen hier die vorgeschlagenen Themen. Tippen Sie bei allen, denen Sie folgen möchten, auf das +.

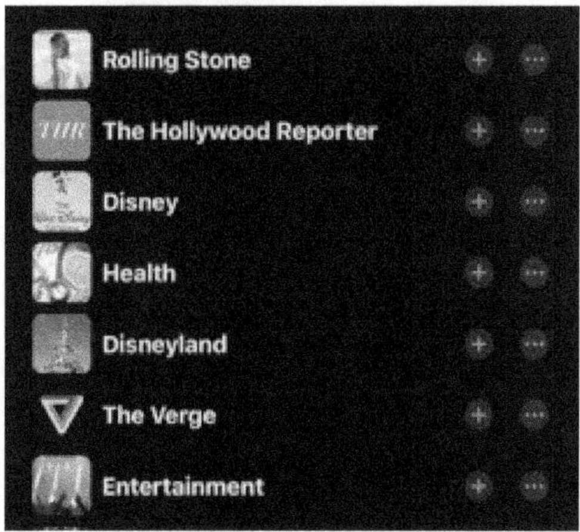

Sie können Ihre Kategorien verschieben, indem Sie oben rechts auf die Schaltfläche „Bearbeiten" tippen.

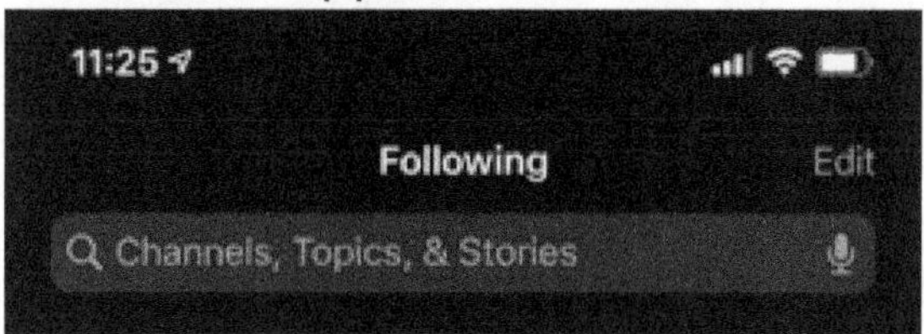

News+

Der letzte zu behandelnde Abschnitt ist News +; Hier finden Sie alle die Magazine, die Sie lieben.

Das Format ähnelt dem Heute Bildschirm. Zeitschriften, die Sie lesen, befinden sich ganz oben. Darunter befinden sich Geschichten aus verschiedenen Magazinen, von denen die App glaubt, dass sie Sie interessieren. Es gibt auch einen personalisierten Bereich, diesen finden Sie unter „Für Sie".

Wenn Sie Artikel aus der Liste lesen, werden diese in dem tatsächlichen Magazin geöffnet, das sieht ein wenig anders aus als Artikel aus dem Heute Bereich.

Wenn Sie mehr aus einer Zeitschrift lesen (oder frühere Ausgaben sehen) möchten, klicken Sie einfach auf das Logo eines Artikels, den Sie gerade lesen.

Daraufhin wird eine Liste aller Ausgaben angezeigt, die Sie lesen können, sowie einige der neuesten Artikel aus dem Magazin eingeblendet.

    Durch Tippen auf die + Schaltfläche in der oberen rechten Ecke können Sie der Veröffentlichung folgen.

    Wenn Sie das Magazin-Cover in im Abschnitt "Meine Magazine" lange drücken (gedrückt halten), können Sie auch damit aufhören, Ausgaben aus der Publikation zu folgen, sie löschen oder sie anzeigen lassen.

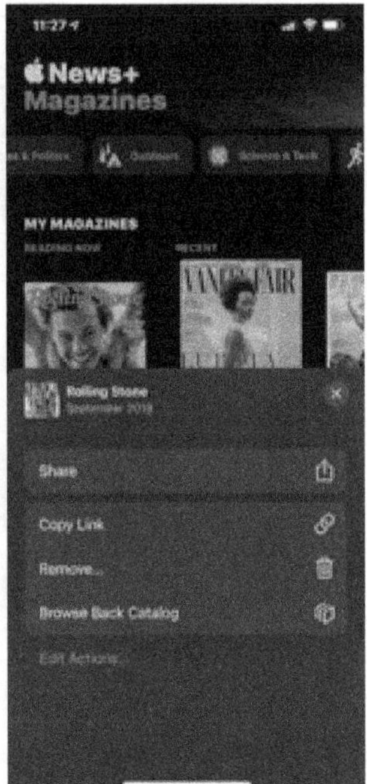

Um alle verfügbaren Magazine zu durchsuchen, wählen Sie im Hauptbildschirm Katalog durchsuchen aus (oder suchen Sie nach einer Kategorie, an der Sie interessiert sind).

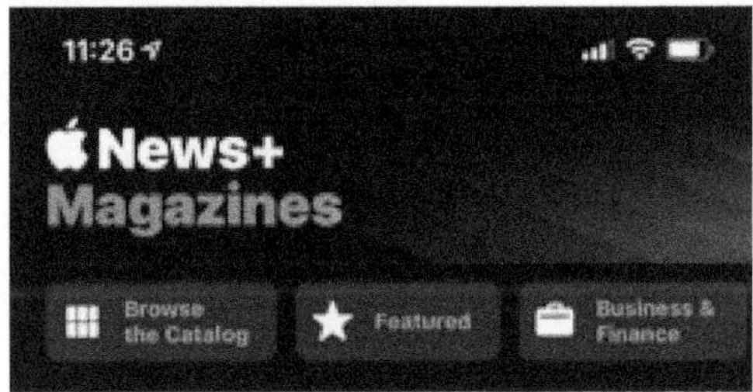

Daraufhin wird eine Liste aller Zeitschriften, die Sie lesen können, angezeigt (derzeit sind es etwa 300).

Wenn Sie eine Taste lange drücken, können Sie das Magazin herunterladen, ihm folgen, es blockieren oder die Bibliothek nach früheren Ausgaben durchsuchen.

APPLE CARD

Eines der am meisten diskutierten neuen Produkte von Apple ist die Apple Card. Apple Card ist eine Kreditkarte, die sich auf den ersten Blick nicht von den meisten Kreditkarten unterscheidet. Sie hat möglicherweise nicht die besten Boni (1% bis 3% Cashback, abhängig von Ihrem Kauf) oder den besten Zinssatz, aber das bedeutet nicht, dass es die Industrie nicht in Aufruhr versetzte. Es ist definitiv etwas, über das Sie nachdenken sollten.

Oberflächlich besteht der Vorteil der Apple Card darin, dass Sie Ihre Boni am nächsten Tag erhalten - ohne darauf warten zu müssen. Das ist toll. Aber das Besondere sind die große Sicherheit und die Fähigkeit Ihnen dabei zu helfen, Ihre Einkäufe im Auge zu behalten.

So bekommen Sie Ihre Karte

Das Erhalten einer Apple Card ist wahrscheinlich die einfachste Kreditkartenanmeldung, die Sie jemals in Ihrem Leben erlebt haben. Rufen Sie zunächst die Wallet-App auf Ihrem iPhone auf.

Wenn die App geöffnet wird, klicken Sie auf die Schaltfläche + und folgen Sie den Anweisungen. Es wird Ihnen eine Reihe von Fragen stellen und Ihnen dann mitteilen, ob Sie die Genehmigung erhalten haben.

Sobald Ihre Anmeldung bestätigt worden ist, wird Ihre Karte zusammen mit den anderen Karten in Ihrer Wallet-App angezeigt.

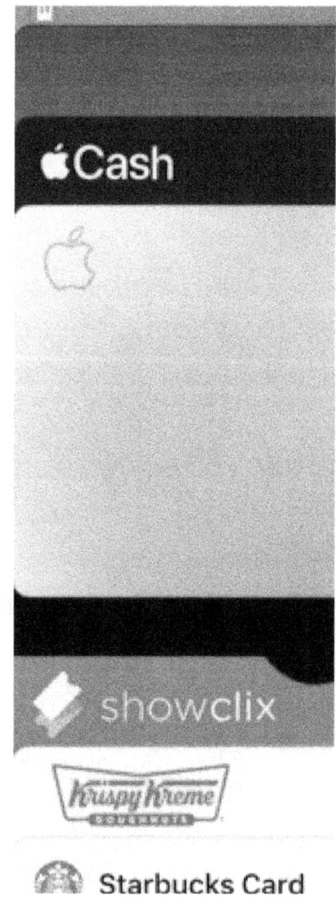

Wenn Apple Pay nicht verfügbar ist

Sobald Sie für die Karte genehmigt wurden, können Sie sie verwenden! Sie müssen nicht erst auf die Karte warten. Tatsächlich sind die Boni besser, wenn Sie die Karte nicht verwenden!

Aber manchmal braucht man eine Karte. Schließlich akzeptiert nicht jeder Apple Pay. Glücklicherweise können Sie eine Karte anfordern.

Sie werden wahrscheinlich von der Karte überrascht sein. Sie ist dick. Wirklich dick. Wahrscheinlich die dickste Karte in Ihrer Brieftasche! Sie können sie nicht einmal biegen. Sie fühlt sich nicht wie eine Plastikkarte, sondern wie Metall an. Das liegt daran, dass sie aus Metall besteht. Zum Glück ist sie aber überhaupt nicht schwer.

Die Lieferung dauert ungefähr eine Woche, und der Aktivierungsprozess wird Sie wahrscheinlich beeindrucken. Sie müssen niemanden dazu anrufen und auch keine Geheimnummer in eine Webseite eingeben. Nichts von dem ganzen Zeug.

Die Karte kommt in einem stilvollen Umschlag an; Wenn Sie die Klappe des Umschlags anheben und neben die Unterseite Ihres iPhones legen, erkennt die Karte Sie und startet den Aktivierungsvorgang. Es sieht ein bisschen wie auf dem Bildschirm unten aus - die Karte in der Abbildung wurde bereits aktiviert, sodass die einzelnen Schritte nicht mehr sichtbar sind. Der gesamte Prozess läuft schnell, elegant und nahtlos ab - alles, was man von Apple erwartet.

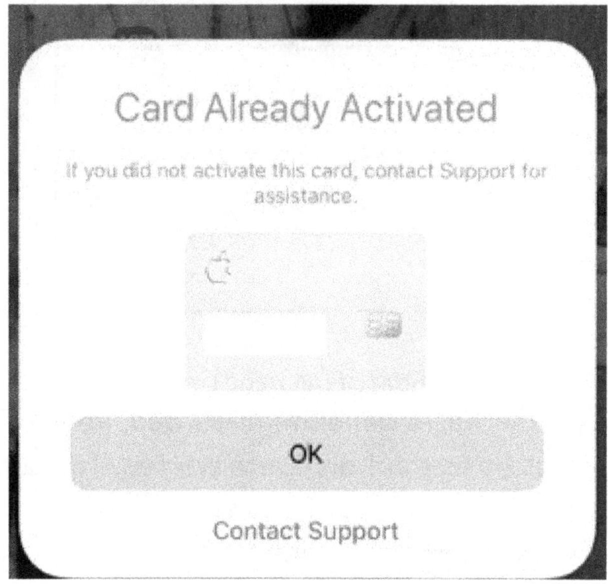

Viele Leute denken, sie müssen warten, bis ihre Karte online ist, sollte Apple Pay nicht akzeptiert werden. Das ist nicht wahr. Sie brauchen nur die Kreditkartennummer. Ich weiß, ich weiß - es gibt keine Kreditkartennummer! Hier liegen Sie falsch. Es gibt keine sichtbare Nummer, aber es gibt eine Nummer.

Um sie zu sehen, tippen Sie auf die Karte in Ihrer Wallet-App und dann auf die drei kleinen Punkte oben.

Dadurch werden Ihre Kontoinformationen geöffnet, in denen Sie Ihr Kreditlimit, Ihren Zinssatz, Ihre Zahlungen und Ihren Support sehen können. Eine der Optionen lautet "Karteninformationen".

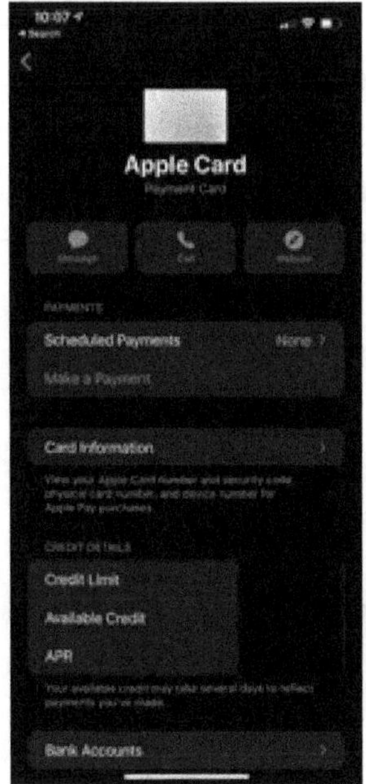

Hier können Sie Ihre Kartennummer, Ihr Ablaufdatum und Ihre Sicherheitskarte sehen. Sind sie besorgt, dass jemand Ihre Nummer besitzt? Fordern Sie einfach eine neue Nummer an.

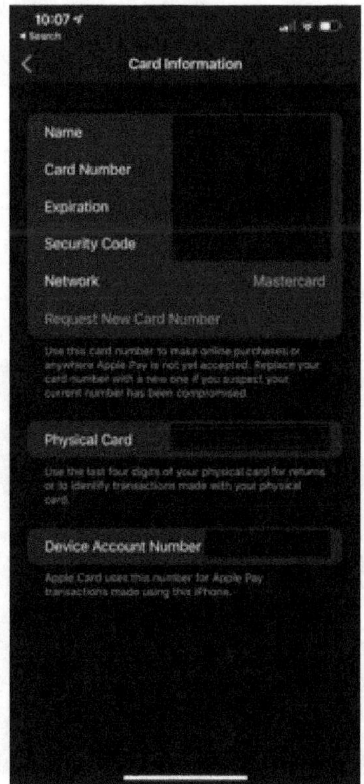

Das Anfordern einer neuen Nummer wirkt sich nicht auf Ihre physische Karte aus. Wenn jemand Ihre physische Karte stiehlt, stellen Sie einfach sicher, dass Sie diese deaktivieren, und fordern Sie eine neue Karte an. Wie macht man das? Klicken Sie auf den Zurück-Pfeil, um zu Ihrem Konto-Menü zurückzukehren. Scrollen Sie nach unten zu "Ersatzkarte anfordern". Dadurch wird Ihr Konto gesperrt, um zukünftige Transaktionen zu stoppen, und es wird eine neue Karte gesendet.

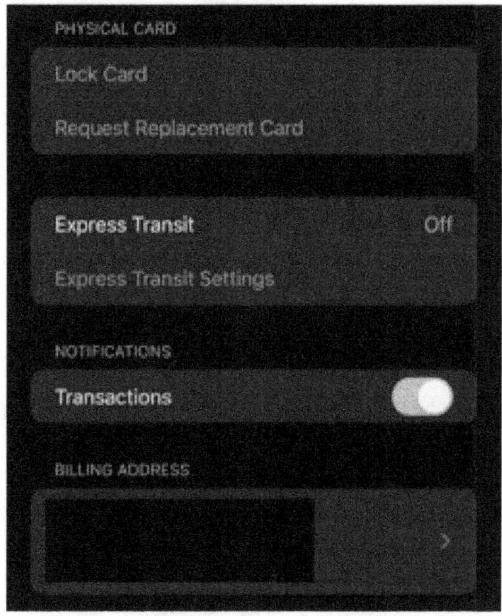

Was ist, wenn Sie die Karte entfernen möchten? Gehen Sie einen Bildschirm zurück und dann zum unteren Bildschirmrand, tippen Sie schließlich auf „Diese Karte entfernen" (denken Sie jedoch daran, dass Ihr Konto dadurch nicht geschlossen wird).

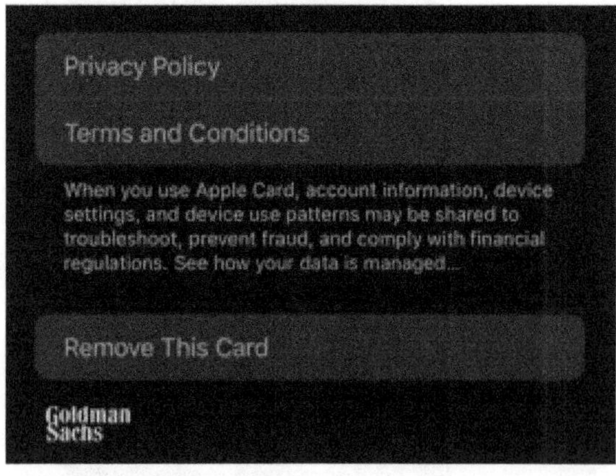

Beobachten Sie Ihre Kartenaktivität

Wenn Sie über die Wallet-App auf Ihre Karte tippen, können Sie alle Ihre Aktivitäten anzeigen lassen, z. B. den Kontostand, den Zeitpunkt der Zahlung und die verbleibenden Transaktionen.

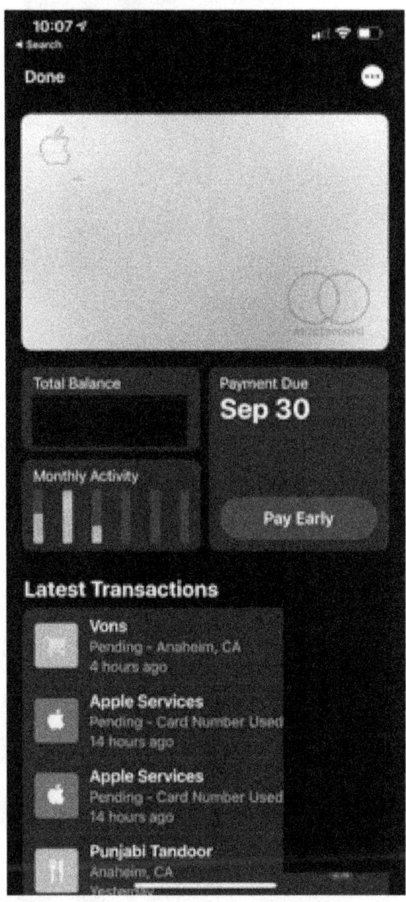

Sie sind sich nicht sicher, woher eine Transaktion stammt? Tippen Sie darauf, um weitere Informationen zu dem Kauf zu erhalten. In vielen Fällen wird eine Karte mit dem Kaufort angezeigt. Dies ist hilfreich, wenn Sie mysteriöse Zahlungen aufspüren, die auf anderen Kreditkarten mit seltsamen Namen erscheinen, die keinen Sinn ergeben und eher wie Codes als wie Unternehmen klingen.

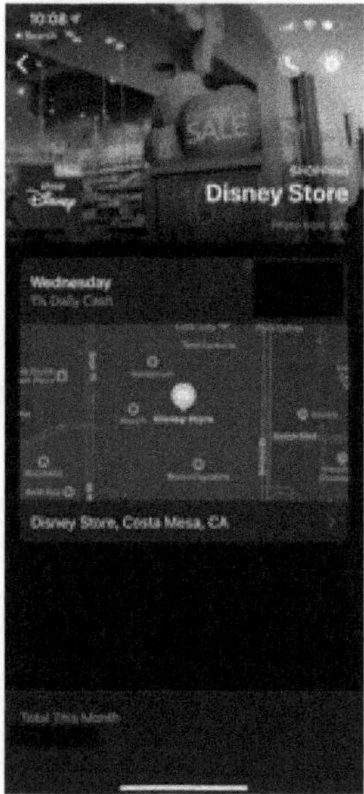

Wenn Sie im vorherigen Bildschirm auf Monatliche Aktivität tippen, werden die Kategorien angezeigt, in denen Sie Ihr Geld ausgeben. Sie können dort auch Ihre Boni sehen.

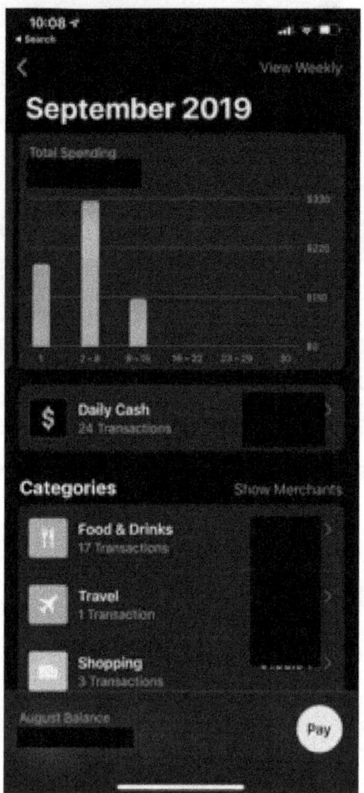

Die größte Frage in Ihrem Kopf lautet wahrscheinlich, wie Sie diese Belohnungen ausgeben können. Das Belohnungsgeld befindet sich auf einer separaten Karte namens Cash Card, auf die Sie über Ihre Wallet-App zugreifen können. Sie können das Geld überall dort ausgeben, wo Apple Pay genommen wird, oder Sie können das Geld direkt auf Ihr Bankkonto überweisen. Sie können die Cash Card auch verwenden, um Geld an Ihre Freunde zu senden.

Zahlungen tätigen und Kontoauszüge ansehen

Um eine Einzahlung auf Ihre Karte vorzunehmen, rufen Sie Ihre Hauptkartenseite auf und tippen Sie auf das Feld „Zahlung fällig". Daraufhin werden Ihre Zahlungsinformationen angezeigt. Der Zinssatz ist bei der Apple Card sehr transparent. Sehen Sie die Punkte auf dem Kreis? Tippen Sie auf das Häkchen und ziehen Sie es auf einen dieser Punkte. Hier erfahren Sie, wie hoch Ihre Zinsbelastung wäre, wenn Sie nur einen Teil der Zahlung leisten würden. Ziehen Sie in den Bereich, den Sie bezahlen möchten, und wählen Sie dann „Jetzt bezahlen" (oder „Später bezahlen", um die Zahlung zu planen) aus. Wenn Sie Ihr Bankkonto noch nicht eingerichtet haben, müssen Sie dies an dieser Stelle tun. Sie benötigen Ihre Bankkontonummer und die Routing-Informationen.

Tippen Sie im Hauptmenü auf Gesamtsaldo, um Ihre Kreditkarten-
abrechnung anzuzeigen. Gehen Sie dort nach unten und wählen Sie die
Anweisung, die Sie sehen möchten, aus.

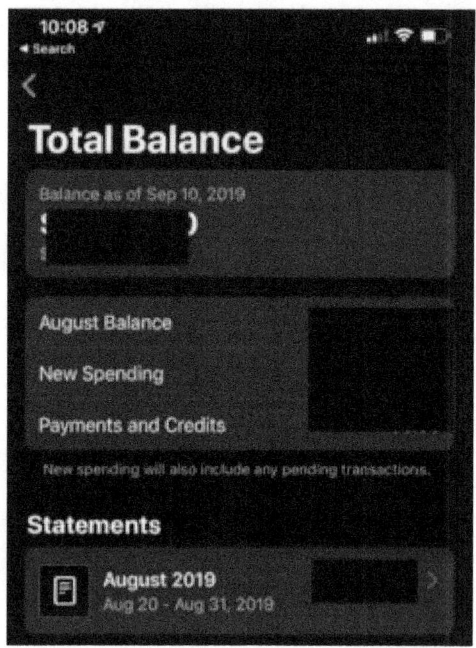

Dies liefert Ihnen einen kurzen und hochqualitativen digitalen Kon-
toauszug.

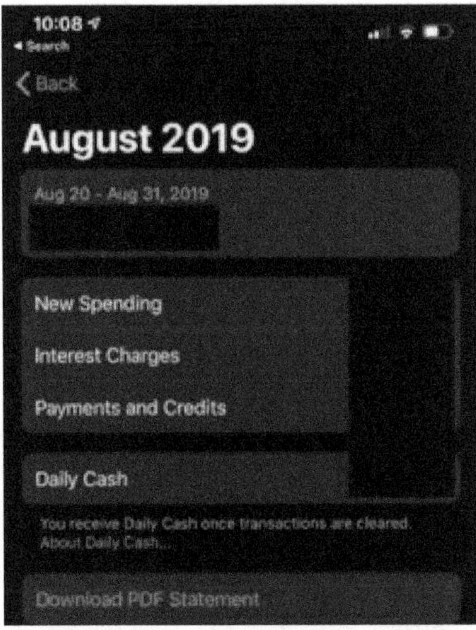

Wenn Sie Ihre vollständige Abrechnung ansehen möchten - die lange Abhandlung, die Sie normalerweise von anderen Kreditkartenanbietern per Post erhalten -, tippen Sie auf PDF-Auszug herunterladen.

FITNESS+

Eine der größten Verbesserungen auf Apples Geräten ist Fitness +. Dieser neue Apple Service sein, der die Fitnessbranche aufmischen wird.

Apple gab im September einen allgemeinen Überblick über den Dienst, hatte ihn jedoch zum Zeitpunkt der Erstveröffentlichung dieses Buches noch nicht veröffentlicht.

Der Service kostet 9,99 USD pro Monat oder 79,99 USD pro Jahr (drei Monate kostenlos, wenn Sie eine neue Apple Watch kaufen). Fitness + wird auch in den neuen Apple One Premier-Dienst (29,99 USD / Monat) integriert, mit dem Sie und Ihre ganze Familie auf alle Apple-Dienste zugreifen können.

Die Art und Weise, wie die Dienste funktionieren, ist so strukturiert, dass Sie die Art des Trainings auswählen, die Sie entweder mit Ihrem Apple TV, iPad oder iPhone durchführen möchten. Dies wird dann sofort mit Ihrer Uhr synchronisiert. Während das Trainingsvideo abgespielt wird, wird im Video beispielsweise Ihre Herzfrequenz angezeigt.

Die Workouts ändern sich jede Woche und können mit oder ohne Trainingsgeräte verwendet werden. Es gibt Workouts für Anfänger und Fortgeschrittene. Die KI von Apple empfiehlt je nach Workout-Regiment verschiedene Workouts und Trainer.

Sie können die Trainingseinheiten sogar nach Dauer filtern (von 5 Minuten bis 45 Minuten). Wenn Sie also nur wenige Minuten in Ihrem

Zeitplan zur Verfügung haben, können Sie eine Trainingsroutine finden, die in diesen Zeitplan passt.

Wenn Sie schonmal Peloton verwendet haben (oder mit Peloton vertraut sind), kennen sie ein sehr ähnliches Konzept. Der größte Unterschied besteht darin, dass Apples Service mit mehr Geräten kompatibel ist (oder überhaupt keinem Gerät benötigt). Das macht es toll für unterwegs.

Sie können auch den Musikstil auswählen, der während Ihres Trainings gespielt wird.

[10]

ERHALTEN UND SICHERN

Dieses Kapitel beschreibt:
- Sicherheit
- Verschlüsselung
- Schlüsselbund
- Batterietipps

SICHERHEIT

Passwort (Was Sie tun und nicht tun sollten, Tipps, etc.)

In der heutigen Zeit ist es wichtig, dass Sie Ihr Gerät sicher halten. Ob Sie eine Touch-ID einrichten wollen, oder nicht (Sie werden dazu in Kürze mehr erfahren), es ist in jedem Fall eine gute Idee, ein Passwort zu behalten. Jedes Mal, wenn sich Ihr Handy entsperrt, neu startet, aktualisiert oder auf Werkseinstellungen zurücksetzt, ist Ihr Passwort erforderlich, um Zugang zu den Einstellungen bekommen. Gehen Sie auf Einstellungen > Passwort und tippen Sie dann auf Passwort einstellen, um ein Kennwort für Ihr iPhone einzurichten. Sie werden dazu aufgefordert, ein Passwort einzugeben und zur Bestätigung das gleiche

Passwort erneut einzugeben. Hier sind einige Tipps zur maximalen Sicherheit:

Richtig

Erstellen Sie ein einzigartiges Passwort, welches nur Sie alleine kennen dürfen

Ändern Sie es ab und zu, um es geheim zu halten

Wählen Sie ein Passwort, dass sich später leicht ändern lässt, wenn es Zeit wird, das Passwort zu aktualisieren

Falsch

Benutzen Sie nicht einfach ein simples Passwort wie 1234 oder 5678

Benutzen Sie weder Ihren Geburtstag noch Ihr Geburtsjahr

Vermeiden Sie Passwörter, die andere Menschen vielleicht auch haben (zum Beispiel einen Pin zu einer gemeinsamen Kreditkarte)

Gehen Sie nicht nur in eine Richtung wie etwa mit Pins wie: 2580, 1470 oder 3690

VERSCHLÜSSELUNG

Bei all den persönlichen und sensiblen Informationen, die in der iCloud gespeichert werden können, ist deren Sicherheit verständlicherweise ein sehr wichtiger Punkt. Apple stimmt dem zu und schützt Ihre Daten mit einer 128-Bit-AES-Verschlüsselung auf sehr hohem Sicherheitsniveau. Der Schlüsselbund, den Sie als Nächstes kennenlernen werden, verwendet eine 256-Bit-AES-Verschlüsselung - dieselbe Verschlüsselungsstufe, die von allen Top-Banken verwendet wird, welche ein hohes Maß an Sicherheit für ihre Datenverarbeitung benötigen. Laut Apple sind Mail (da E-Mail-Anbieter bereits ihre eigene Sicherheitsverfahren anbieten) und iTunes in der Cloud die einzigen Dinge, die nicht durch eine iCloud Verschlüsselung geschützt sind, da sich unter der Musik keine persönlichen Informationen finden.

SCHLÜSSELBUND

Haben Sie sich zum ersten Mal seit Ewigkeiten wieder auf einer Website angemeldet und vergessen, welche Art von Passwort Sie verwendet hatten? Das passiert jedem; Einige Webseiten erfordern Sonderzeichen oder kurze Sätze, während andere kurze 8-stellige Passwörter verlangen. iCloud verfügt über eine stark verschlüsselte Funktion namens Schlüsselbunds mit der Sie Kennwörter und Anmeldeinformationen an einem Ort speichern können. Jedes Ihrer Apple-Geräte, das mit demselben iCloud-Konto synchronisiert ist, kann die Daten ohne zusätzliche Schritte aus dem Schlüsselbund laden.

Um den Schlüsselbund zu aktivieren und zu benutzen, klicken Sie einfach auf Einstellungen> iCloud, schalten Sie dann den Schlüsselbund ein und folgen Sie den Anweisungen. Nachdem Sie dem Schlüsselbund Konten und Kennwörter hinzugefügt haben, füllt Ihr Safari-Browser automatisch die Felder aus, während Sie bei iCloud angemeldet bleiben. Wenn Sie beispielsweise nach einem Online-Einkauf zum Auschecken bereit sind, werden die Kreditkarteninformationen automatisch vorab ausgefüllt, sodass Sie überhaupt keine vertraulichen Informationen eingeben müssen.

BATTERIETIPPS

Das iPhone Pro verspricht eine bessere Akkulaufzeit - die längste aller Zeiten. Aber seien wir ehrlich, egal wie groß der Akku ist, Sie würden wahrscheinlich gerne ein bisschen mehr Lebensdauer in Ihrer Ladung haben.

Stellen Sie die Benachrichtigungen aus

Meine Mutter sagte mir ständig, dass ihre Batterie nicht sehr lange zu halten schien. Ich schaute auf ihr Handy und konnte nicht glauben, wie viele der Benachrichtigungen aktiviert waren. Sie weiß absolut nichts über Aktien und hat auch keine Lust, mehr darüber zu lernen, und dennoch hatte sie den Börsenticker aktiviert. Möglicherweise möchten Sie Facebook Benachrichtigungen sehen, aber im Hintergrund werden wahrscheinlich Dutzende von Benachrichtigungen ausgeführt, von denen Sie nicht einmal wissen oder die Sie nicht wirklich benötigen. Diese loszuwerden ist einfach; Gehen Sie auf Einstellungen und dann zu den Benachrichtigungen. Alles, was als "Im Benachrichtigungszentrum" angezeigt wird, ist derzeit auf Ihrem Telefon aktiv. Um etwas zu deaktivieren, tippen Sie auf die App und schalten Sie sie aus. Damit ist sie aber nicht endgültig verschwunden. Wenn Sie sie wieder einschalten möchten, gehen Sie einfach ganz nach unten auf den Bereich, wo "Nicht im Benachrichtigungszentrum " steht, und schalten Sie sie wieder ein.

Helligkeit

Wenn Sie die Helligkeit nur um einen Schatten verringern, kann dies Wunder für die Laufzeit Ihres Handys bewirken und Ihren Augen möglicherweise etwas Erleichterung verschaffen. Es geht ganz einfach. Gehen Sie auf Einstellungen und dann auf Helligkeit. Bewegen Sie den Schieberegler einfach auf eine Einstellungsstufe, mit der Sie sich wohl fühlen.

E-Mail

Ich möchte am Liebesten sofort benachrichtigt werden, wenn ich eine E-Mail bekomme. Auf diese Weise aktualisiert mein Telefon ständig die E-Mails, um festzustellen, ob etwas neu eingegangen ist. Dadurch wird die Batterie entladen, aber nicht sehr viel. Wenn Sie die Art von Person sind, die sich nicht wirklich darum kümmert, wann sie E-Mails erhält, ist es möglicherweise gut, einfach von automatisch auf manuell umzuschalten. Auf diese Weise werden E-Mails nur dann überprüft, wenn Sie auf die E-Mail-Schaltfläche tippen. Um das Handbuch einzuschalten, gehen Sie auf Einstellungen und dann auf E-Mail, Kontakte, Kalender und schließlich zu Neue Daten abrufen. Gehen Sie nun nach unten und tippen Sie auf „Manuell" (Sie können dies später jederzeit wieder zurückschalten).

Location, Location, Lo...Batterie Dieb

Haben Sie je von standortbasierten Apps gehört? Diese Apps verwenden Ihren Standort, um zu bestimmen, wo Sie sich genau befinden. Dies ist eine großartige Funktion, wenn Sie eine Karte verwenden. Nehmen wir also an, Sie suchen nach einem Ort zum Essen und haben eine App, die Restaurants empfiehlt. Sie verwendet Ihr GPS, um Ihren Standort zu bestimmen, damit Sie erkennen können, was sich in der Nähe befindet. Das ist bei einigen Apps großartig, aber bei anderen nicht so toll. Jedes Mal, wenn Sie das GPS verwenden, wird der Akku entladen. Es ist daher eine gute Idee, zu prüfen, welche Apps es verwenden und sich zu fragen, welche die Funktion wirklich benötigen. Alternativ können Sie es vollständig ausschalten und nur bei Bedarf einschalten. Gehen Sie dazu erst auf Einstellungen und dann auf Standortdienste und schalten Sie jede App, die Sie nicht verwenden möchten, aus (Sie können sie später jederzeit wieder einschalten).

Benutzen Sie Zubehör

Neunzig Prozent von Ihnen werden wahrscheinlich mit diesen Korrekturen umgehen können und mit Ihrer Akkulaufzeit vollständig zufrieden sein. Wenn Sie jedoch noch mehr möchten, sollten Sie einen Akku kaufen. Akkus machen Ihr Telefon etwas sperriger (sie werden auf die Rückseite Ihres Telefons geschoben und an dieser befestigt), aber sie geben Ihnen dafür mehrere Stunden Lebensdauer. Sie kosten rund 70 Dollar. Zusätzlich können Sie ein externes Ladegerät in Ihre Handtasche oder Aktentasche stecken. Mit diesen Produkten können Sie jedes USB-Gerät (einschließlich iPhones und iPads) aufladen. Externe Ladegeräte kosten ungefähr das gleiche. Der einzige Vorteil eines Ladegeräts gegenüber einem Pack besteht darin, dass jedes Gerät mit USB aufgeladen werden kann, nicht nur das iPhone.

Der einfachste Weg, auf dem sie die Batterielebensdauer verlängern können, besteht darin, unter "Einstellungen" > "Batterie" den "Energiesparmodus" einzuschalten. Dies ist nicht die optimale Einstellung für den normalen Telefongebrauch. Wenn Sie jedoch nur 20% Ihres Akkus haben und diesen länger erhalten möchten, ist dies eine Option.

[11]

WIE SIE AIRPODS MIT DEM IPHONE 12 VERWENDEN

Dieses Kapitel beschreibt:
- Wie Sie AirPods installieren und koppeln
- Gesten
- Benutzerzugänglichkeit

EINLEITUNG

Hinweis: AirPods sind nicht im Lieferumfang von iPhones enthalten, sie gelten aber als beliebtes Zubehör.

Im Jahr 2016 brachte Apple die Apple AirPods heraus - kleine drahtlose Headsets, die ohne Kabel in Ihr Ohr passen. Das Gerät war sofort ein Hit.   Im Jahr 2019 wurde eine zweite Generation mit einer besseren Akkulaufzeit und einem kabellosen Gehäuse herausgebracht. Erst später im Jahr 2019 begannen sich die Dinge wirklich zu ändern, als Apple den AirPod Pro herausbrachte. Die Pro Line von 2019 bietet Geräuschunterdrückung (und einen transparenten Modus, mit dem Sie Ihre Umgebung besser hören können). Die Kopfhörer sind zu einem Premium-Preis erhältlich, ermöglichen dementsprechend aber auch ein Premium-Hörerlebnis. Wenn Sie die Profiversion benutzen, können Sie den Unterschied sofort hören.

AirPods sind einfach zu bedienen, aber wenn Sie nicht an ihre Benutzung gewöhnt sind, können sie dennoch etwas verwirrend sein. Die vorliegende Anleitung erklärt Ihnen alle Gesten und beschreibt, wie Sie die Airpods richtig verkoppeln und aufladen. Das Handbuch enthält eine Anleitung für die Benutzung von Apple Music, damit Sie, wenn Sie Musik hören wollen, wissen, wie es richtig geht.

AirPod Vs. AirPod Pro

Der AirPod Pro kostet 50 US-Dollar mehr als der normale AirPod. Wofür bezahlen Sie das extra Geld genau?

Es ist schließlich so, dass beide einen H1 Chip haben; beide haben kabellose Gehäuse und beide haben mit der Hülle 24 Stunden Ladezeit – dabei halten die normalen AirPods tatsächlich etwas länger als die Pro Version (5 Stunden statt nur 4.5 Stunden Hörzeit).

Wie kommt das?!

Die Pro Version bietet einige Vorteile, mit denen sich die Extrakosten erklären lassen. Diese Version wird erstens mit Tipps für eine verbesserte Passform geliefert. Die AirPods sollen eine universelle Passform haben. Meine Frau kann aber zum Beispiel keine normalen AirPods tragen, weil ihre Ohren zu klein sind. Die Pro Version passt ihr jedoch perfekt.

Der AirPod Pro ist außerdem schweiß und – wasserresistent – das heißt nicht, dass sie zum Schwimmen getragen werden sollten (Nicht machen!), aber Sie müssen sich wenigstens keine Sorgen beim Tragen während eines intensiven Workouts oder wenn Sie anfangen zu schwitzen machen, oder wenn es auf Ihrem Heimweg ein wenig regnet, und Sie die Airpods nicht hinausnehmen wollen.

Die Modi für Geräuschunterdrückung und Transparenz sind exklusiv für die AirPod Pros verfügbar.

Der Pro hat auch einen adaptiven EQ; Wenn Sie wissen möchten, was das bedeutet, schlagen Sie es nach. Es handelt sich um eine technische Art zu sagen, dass sie besser klingen - viel besser.

Wenn Sie auf die altmodische Weise (mit einem Kabel) Dinge aufladen möchten, hat der AirPod das, was "einige" als Vorteil einstufen würden: Es besitzt einen normalen USB-Anschluss, an einer Stelle wo die Pro Version einen USB-C Anschluss hat. Alles ändert sich derzeit und wird zum modernen USB-C Anschluss umgebaut, aber noch leben wie in der alten USB-Welt und müssen einen zusätzlichen Adapter kaufen, damit alles richtig funktioniert.

WAS ES IN DER BOX GIBT (UND NICHT GIBT)

Die AirPods werden wie jedes andere Apple-Gerät in einer sehr minimalistischen Box geliefert.

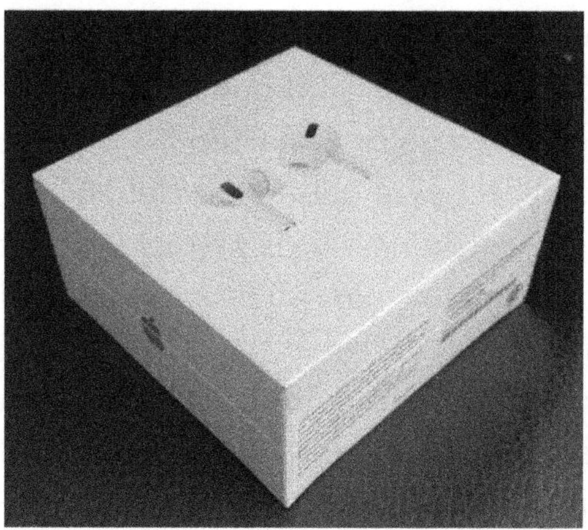

Das erste, was Sie sehen, wenn Sie die Box aufmachen, ist eine Gebrauchsanleitung für das Gerät. Es sagt Ihnen nicht alles, sondern gibt lediglich einen oberflächlichen Überblick.

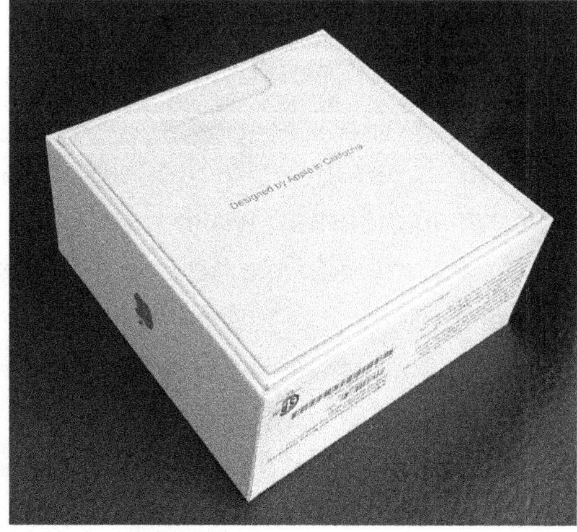

Unter der Gebrauchsanweisung befindet sich die AirPod Hülle (und darin finden Sie auch die tatsächlichen Pods – die Kopfhörer selbst).

Seien Sie beim Herausheben des Gehäuses vorsichtig, da Sie sonst die darunter liegenden Ohrstöpsel übersehen können. Die Spitze in mittlerer Größe befindet sich bereits auf dem AirPod. Wenn Sie eine kleinere oder größere Spitze bevorzugen, können Sie diese hier finden, um sie zu ersetzen müssen Sie einfach nur die alten Kopfhörer abziehen und die neuen aufschieben. Die AirPods konfigurieren den Sound automatisch anhand der von Ihnen verwendeten Größe.

Schließlich befindet sich unter den Spitzen das Ladekabel. Beachten Sie hier das Wort „Kabel". Es gibt nichts, wo man es einstecken könnte. Sie müssen Ihren eigenen Anschlusspunkt liefern. Hier gibt es noch etwas sehr Wichtiges zu beachten - es handelt sich um eine Lightning zu USB-C Verbindung. Was bedeutet das genau? Wenn Sie ein normales, altmodisches iPhone besitzen, kann dieses Kabel nicht einfach an Ihr Ladegerät angeschlossen werden. Zum Anschließen benötigen Sie einen USB-C-Adapter. Zum Glück kosten diese nicht sehr viel, aber es handelt sich trotzdem um eine Unannehmlichkeit.

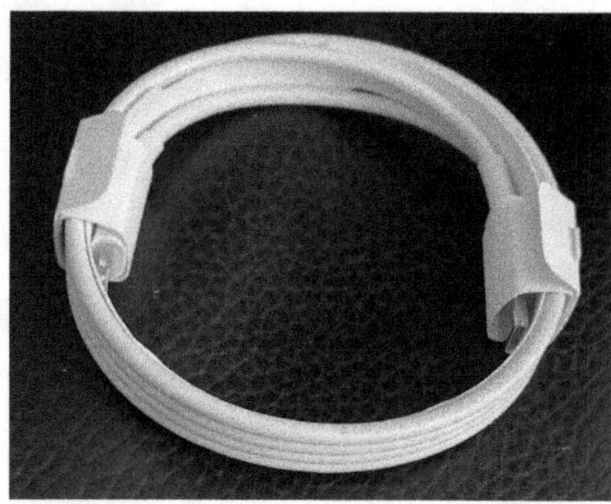

Die AirPods selbst (im Ladegerät) sind ziemlich minimalistisch gebaut. Es gibt keine physisch sichtbaren Tasten. Es gibt eine L / R-Kennung, sodass Sie wissen, in welches Ohr sie jeweils gehören. Wenn ich sage, dass es keine „physische" Taste gibt, denken Sie daran, dass es stattdessen berührungsempfindliche „Touch"-Bereiche gibt. Ich werde als Nächstes erläutern, wie diese funktionieren.

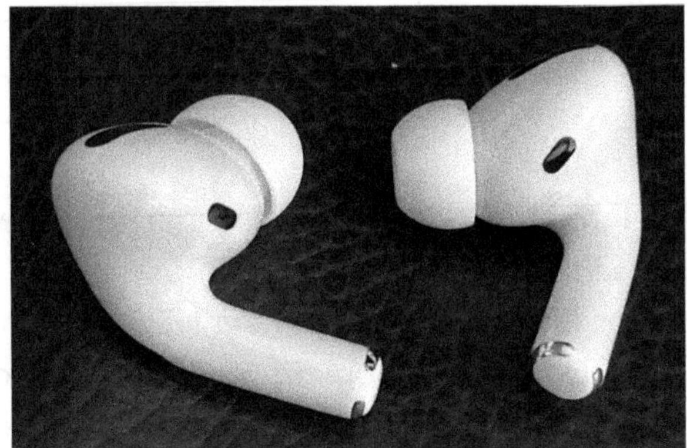

Die Installation Ihrer AirPods ist eine einzigartige Erfahrung. Alles geht lächerlich einfach! Sind Sie soweit?

Entsperren Sie Ihr iPhone. Stellen Sie die Hülle neben Ihr iPhone. Öffnen Sie die Hülle. Das wars schon! So wird automatisch ein Begrüßungsbildschirm auf Ihrem iPhone aufgerufen, der Sie selbstständig zu der richtigen Verkoppelung führt.

Wenn Sie Ihr Handy einige Zeit nicht aktualisiert haben, erhalten Sie eine Nachricht über eingeschränkte Funktionalität. Wenn Sie also wollen, dass alle Funktionen richtig funktionieren, müssen Sie das Handy auf iOS 13.2 aktualisieren.

Sie können sehen, welche Version Sie besitzen (und das Gerät auf die neueste Version aktualisieren), indem Sie auf Einstellungen> Allgemein> Software-Update gehen. Software-Updates sind normalerweise recht umfangreich. Rechnen Sie daher damit, dass dies mindestens eine Stunde dauert.

Sie werden einige Informationen über die Funktionsweise der AirPods sehen, unter der Voraussetzung, dass Ihr Handy aktualisiert ist. Dies gibt Ihnen keine Option, zu Überspringen. Sie können entweder

den Text lesen, oder Ihr Handy einige Sekunden lang ignorieren, bis
die Information verschwindet.

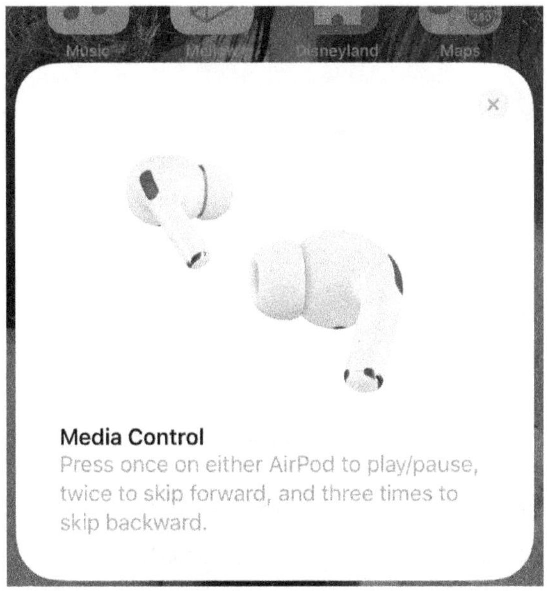

Gegen Ende des Setups wird eine Meldung zu "Nachrichten ankündigen" angezeigt. Sie können diese ein- oder ausschalten (Sie können
dies auch später noch einschalten). Grundsätzlich gibt dies Siri die Er-
laubnis, Nachrichten für Sie zu lesen, ohne dass Sie Ihr Telefon entsperren müssen. Das ist hilfreich, wenn Sie gerade trainieren und Ihr
Telefon nicht erst herausnehmen wollen, um eine Nachricht zu lesen.

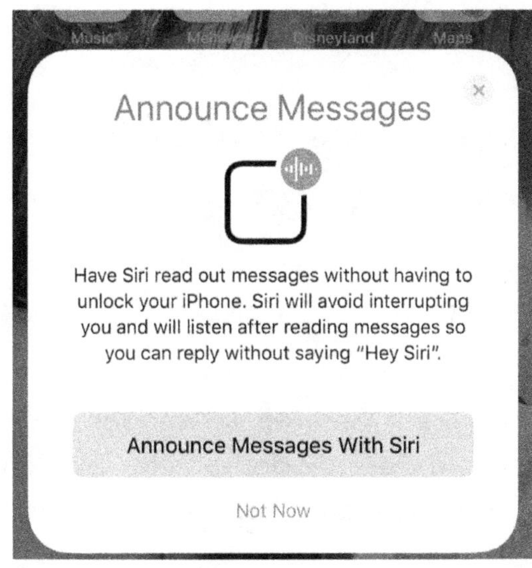

Sobald Sie Ihre AirPods angeschlossen haben, sehen Sie, wie viel Strom in Ihnen verbleibt. Sie können dies jederzeit überprüfen, indem Sie die AirPod-Hülle neben Ihrem Telefon öffnen.

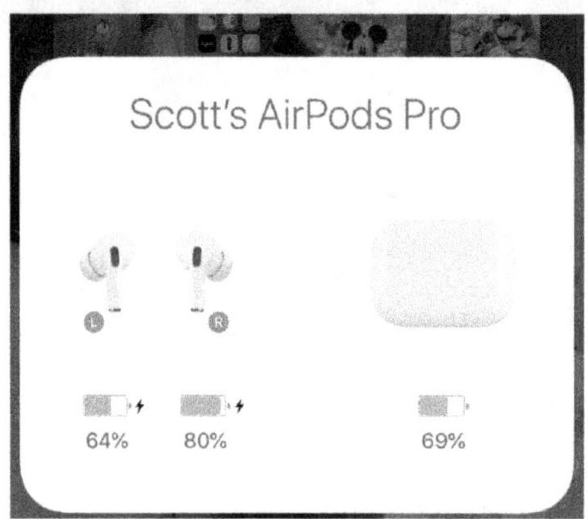

Sobald Sie Ihre AirPods zu Ihrem Telefon hinzugefügt haben, werden diese zu iCloud hinzugefügt. Das heißt, Sie können sie dann mit jedem anderen Apple-Gerät (iPad, Mac, Apple Watch usw.) verbinden. Gehen Sie auf einem beliebigen Apple Gerät auf Bluetooth, wie Sie sich normalerweise mit Bluetooth verbinden würden (Wie auf den Illustrationen für die Verbindung mit einem Mac erklärt) und wählen Sie „Verbinden" an. Wenn Sie sich gerade auf Ihrem iPhone ein Lied anhören und hierauf tippen, wird Ihr Handy entkoppelt und die Verbindung zu dem neuen Gerät hergestellt.

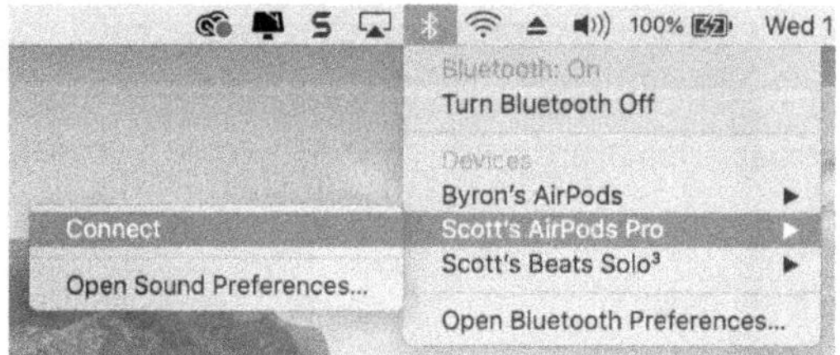

MANUELLE VERKOPPELUNG

Sie können AirPods auf Geräten verwenden, die nicht von Apple stammen (z. B. Android Geräte oder -Spiele). Sie können sie auch manuell mit anderen Apple-Geräten koppeln, die nicht Ihre eigenen sind.

Der entsprechende Prozess ist so ähnlich wie bei dem Verbinden mit jedem anderen Bluetoothgerät.

Im ersten Schritt müssen Sie Ihre AirPod Hülle öffnen; wenn diese offen ist, drücken Sie auf den runden Button auf der Rückseite der Hülle und lassen Sie nicht los. Wenn das LED-Licht auf der Innenseite der Hülle anfängt zu blinken, haben Sie sich erfolgreich gekoppelt.

Gehen Sie nun zu Ihren Bluetooth-Einstellungen (auf einem iPhone geht das über Einstellungen> Bluetooth). Hier wird das Gerät angezeigt. Tippen Sie darauf, um es zu koppeln. Wenn Sie die Verkoppelung aufheben wollen, tippen Sie erneut darauf und anschließend auf „Dieses Gerät vergessen".

AUF WERKSEINSTELLUNGEN ZURÜCKSETZEN

Stellen Sie beim Zurücksetzen Ihres AirPods auf die Werkseinstellungen sicher, dass sich beide AirPods im Gehäuse befinden, und heben Sie dann den Deckel. Halten Sie anschließend die runde Taste auf der Rückseite des Gehäuses mindestens 15 Sekunden lang gedrückt. Sie können aufhören, wenn Sie sehen, dass ein Licht bernsteinfarben blinkt.

GESTEN

Die Kontrolle Ihrer AirPods basiert vollständig auf Gesten. Um jede dieser Gesten zu aktivieren müssen Sie einfach lange auf den länglichen Stiehl auf dem AirPod Pro drücken. Hier sind die wichtigsten Bewegungen, die Sie kennen sollten:

- Abspielen / Pause – Einmal drücken. Dies funktioniert auch beim Beantworten eingehender Anrufe.
- Lied überspringen – Doppelt drücken.
- Ein Lied zurückgehen – Drücken Sie dreimal.
- Aktivieren Sie den Umgebungsgeräusche ausblenden/ Transparenten Modus – Um zwischen diesen Modi zu wechseln drücken Sie und halten Sie gedrückt, bis Sie ein Geräusch hören.
- Hey, Siri – Siri wird genauso wie andere Apple Geräte aktiviert – Sagen Sie einfach "Hey Siri."

KONTROLLZENTRUM

Wenn Sie mit Ihrem AirPod verbunden sind, können Sie das Gerät auch vom Kontrollzentrum aus kontrollieren (Wischen Sie von der oberen rechten Ecke aus nach unten). Drücken Sie und Halten Sie die Lautstärkekontrolle gedrückt; so wird die Option mit einem Schalter zur Geräuschunterdrückung/ Transparenz aufgerufen.

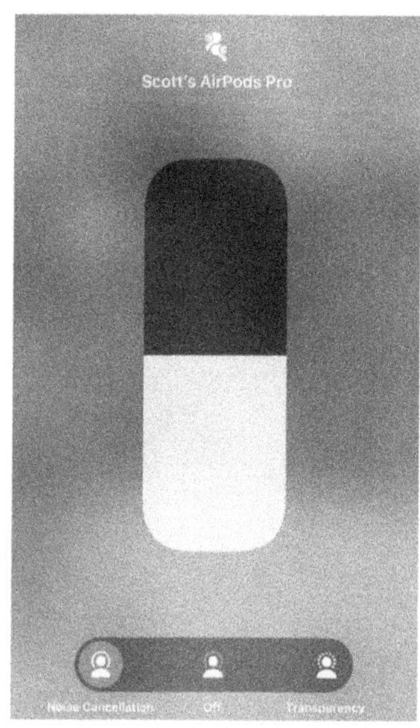

Während der Musikwiedergabe können Sie in der Systemsteuerung daraufklicken und eine Option zum Teilen Ihres Audios aufrufen. Auf diese Weise können Sie mehrere Bluetooth-Geräte mit Ihrem Gerät verbinden, sodass zwei AirPods gleichzeitig verbunden werden können.

EINSTELLUNGEN ÄNDERN

Es gibt eine Reihe von Dingen, die Sie auf den AirPod Pros konfigurieren können, aber Sie müssen diese zunächst mit Ihrem Handy verbinden. Wenn Ihr AirPod auf Ihrem Telefon eingerichtet ist, aber derzeit nicht mit Ihrem Telefon verbunden ist, werden die nächsten Schritte auf Ihrem Gerät nicht angezeigt.

Gehen Sie zunächst auf Einstellungen> Bluetooth. Tippen Sie unter Meine Geräte auf (i) neben „Verbunden".

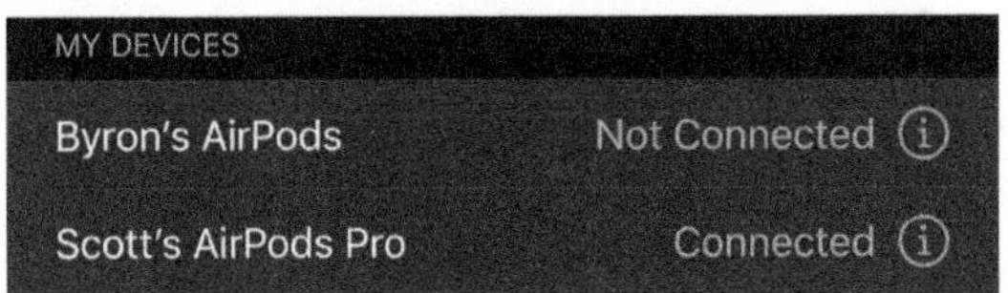

So werden mehrere Optionen aufgerufen. Wenn Sie das Gerät entkoppeln möchten, wählen Sie beispielsweise „Dieses Gerät vergessen". Wenn Sie es umbenennen möchten, tippen Sie auf den Namen in Grau und benennen Sie ihn dann um.

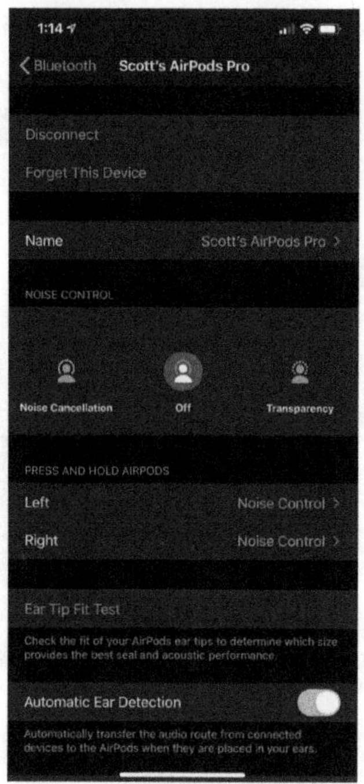

Ich schlage vor, mit der Überprüfung der Passform Ihrer Ohraufsätze zu beginnen, bevor Sie Ihr Gerät überhaupt verwenden (also zu prüfen, ob das Gerät richtig bei Ihnen ins Ohr passt). Die AirPods sind ziemlich intelligent und können sicherstellen, dass Sie die Aufsätze auswählen, die am besten zu Ihnen passen. Als ich sie zum ersten Mal benutzte, fühlten sie sich gut an; Ich habe mir nicht einmal die Mühe gemacht, einen anderen Aufsatz zu versuchen, bis ich den Test durchgeführt habe.

Drücken Sie auf den blauen „Prüfen Sie Ihre Ohraufsatz Passform" Test, um zu beginnen.

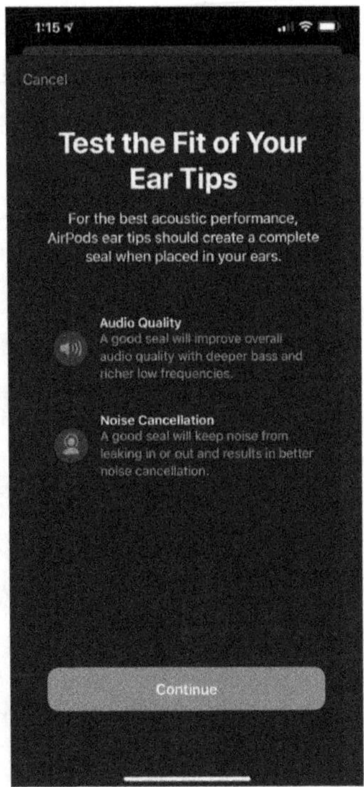

Sobald Sie auf Fortfahren gedrückt haben, werden Sie aufgefordert, jeweils einen AirPod neben jedes Ohr zu halten und auf den Abspielen Knopf zu drücken.

Sie hören ein Lied, das abgespielt wird. Nach einigen Sekunden wird ein Bildschirm mit den Ergebnissen angezeigt. Meine Ergebnisse sagen, dass etwas schiefgelaufen ist. Entweder habe ich die falsche Aufsatzgröße benutzt, ich habe die AirPods nicht genug hineingedrückt, oder die AirPods sind jeweils im falschen Ohr.

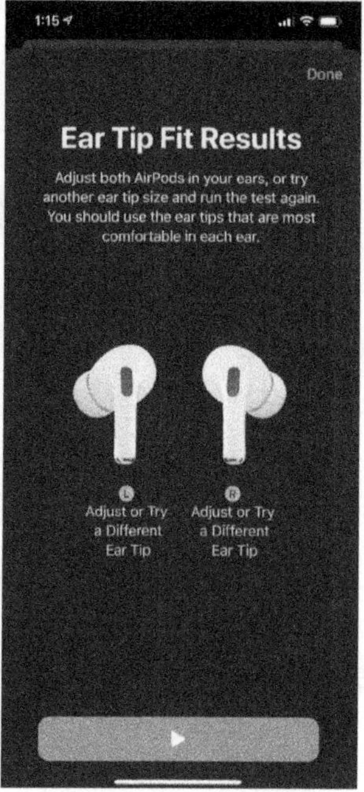

In meinem Fall wusste ich, dass sie richtig eigestellt waren und, dass sie im richtigen Ohr waren. Also probierte ich einen größeren Aufsatz aus. Drücken Sie anschließend erneut die Wiedergabetaste, um den Test auszuführen. Mit den größeren Aufsätzen (in meinem Fall dem mittleren Aufsatz) zeigten die Ergebnisse, dass es sich um die richtige Passform handelte.

Zugänglichkeit

Im Gegensatz zu den normalen AirPod Einstellungen, können Sie die Benutzerzugänglichkeitseinstellungen kontrollieren, ohne sich mit Ihrem AirPod zu verbinden.

Um anzufangen drücken Sie auf Einstellungen < Zugänglichkeit.

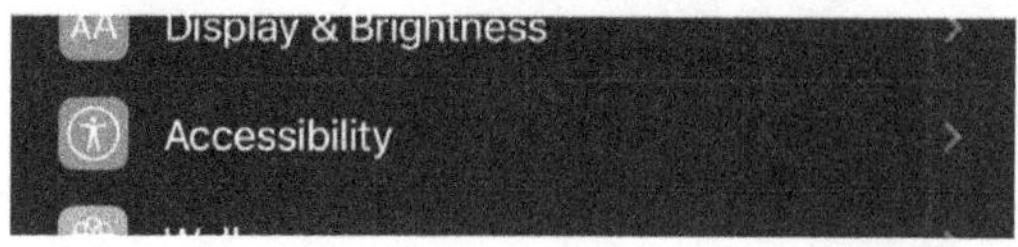

Tippen Sie als Nächstes auf AirPods.

Drücken Sie von hier aus auf Geschwindigkeit und Haltedauer, oder benutzen Sie die Geräuschunterdrückung auch dann, wenn Sie nur einen AirPod im Ohr haben.

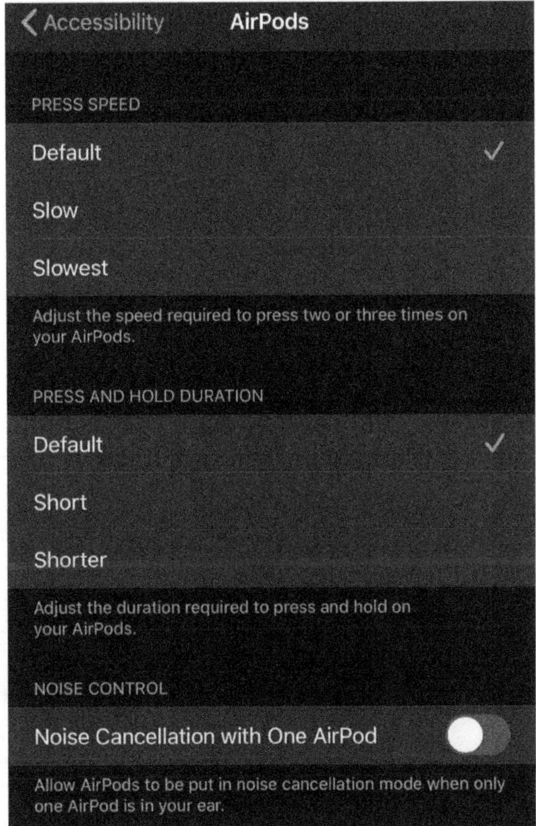

HÖRGERÄT-APPS

AirPods eignen sich hervorragend zum Musikhören, können aber auch als Hörgerät verwendet werden. Der Sinn des AirPod ist sicherlich nicht, ein herkömmliches Hörgerät zu ersetzen, aber das hat eine Reihe von Entwicklern nicht davon abgehalten, Apps zu erstellen, mit denen

Sie sie als solche verwenden können.

Hörgerät-Apps funktionieren tatsächlich mit jedem Bluetooth-Headset. Das kann der teure AirPod Pro oder das billigste Headset sein, das Sie auf einem Flohmarkt finden konnten. Solange Sie es an Ihr iPhone anschließen können, sollte es funktionieren.

Die Apps helfen Ihnen grundsätzlich dabei, bestimmte Geräusche zu verstärken, um das klare Hören zu erleichtern.

Ein beliebtes Beispiel ist TruLink Hearing Control. Es gibt aber auch Dutzende von anderen. Ich würde empfehlen, mehrere auszuprobieren und herauszufinden, welche Ihnen am besten gefällt.

ÜBER DEN AUTOR

Scott La Counte ist ein Bibliothekar und Schriftsteller. Sein erstes Buch, *Quiet, Please: Dispatches from a Public Librarian* (Da Capo 2008) war die Wahl des Redakteurs für die Chicago Tribune und ein Entdecker Titel ("Discovery Title") der Los Angeles Times; im Jahre 2011 wurde sein Jungendbuch mit dem Titel „The N00b Warriors" publiziert, dieses wurde ein #1 Bestseller auf Amazon; sein neuestes Buch trägt den Titel *#OrganicJesus: Finding Your Way to an Unprocessed, GMO-Free Christianity* (Kregel 2016).

Er hat außerdem Dutzende Bestseller über Bedienungsanleitungen und Benutzertipps zu diversen technischen Geräten geschrieben.

Sie können sich mit ihm unter ScottDouglas.org in Verbindung setzen.

www.ingramcontent.com/pod-product-compliance
Lightning Source LLC
Chambersburg PA
CBHW080025030225
21301CB00016B/1932